상설에서 꽃핀
청죽의 문화,

고령
죽연 박윤
종가

기획 경상북도 · 경북대학교 영남문화연구원 | **지은이** 김학수

경북의 종가문화 연구진

연구책임자	정우락(경북대 국어국문학과)
공동연구원	황위주(경북대 한문학과)
	조재모(경북대 건축학부)
종가선정위원장	황위주(경북대 한문학과)
종가선정위원	이수환(영남대 역사학과)
	홍원식(계명대 철학윤리학과)
	정명섭(경북대 건축학부)
	배영동(안동대 민속학과)
	이세동(경북대 중어중문학과)
종가연구팀	김위경(영남문화연구원 연구원)
	최은주(영남문화연구원 연구원)
	전설련(영남문화연구원 연구원)
	김소연(영남문화연구원 연구보조원)
	이나영(영남문화연구원 연구보조원)

축 · 간 · 사

경상북도에서 『**경북의 종가문화』 시리즈** 발간사업을 시작한 지 벌써 12년째가 되었습니다. 본 사업은 더 늦기 전에 지역의 종가문화를 기록으로 남겨 후세에 전해야 한다는 절박함에서 비롯되었고, 그간 많은 분들의 노고에 힘입어 어느새 64권의 책자가 발간되는 데 이르렀습니다. 이러한 결실은 우리 지역의 문화자산으로 자리 잡아 가고 있어, 300만 도민의 한 사람으로서 무척 보람되게 생각합니다.

경북은 예로부터 수많은 명현거유名賢巨儒가 배출되었고, 그분들이 이룩한 전통문화가 집적되어 온 중심입니다. 특히 이러한 전통문화의 중심에는 바로 경북의 종가宗家가 있습니다. 종가는 수백 년에 걸쳐 지역 사회의 구심점이자 전통문화의 상징으로 자리 잡아 그 역할을 묵묵히 수행해 왔습니다. 우리 도는 많은 수의 종가가 고유의 문화를 오늘날까지 지켜 오고 있기에, 우리나라 종가문화의 보고寶庫라고 해도 과언이 아닙니다.

하지만 최근 급변하는 사회와 종손·종부의 고령화 등으로 인해 종가문화는 점차 훼손·소멸되고 있는 실정입니다. 이에 경상북도에서는 종가문화를 보존·활용하는 한편, 발전적으로 계승하기 위해 2009년부터 **'종가문화 명품화 사업'**을 추진해 오고 있습니다. 체계적인 학술조사 및 연구를 통해 관련 인프라를 구축하고, 명품 브랜드화하는 등 향후 발전 가능성을 모색하기 위해 다방면으로 노력하고 있습니다.

경북대학교 영남문화연구원을 통해 2010년부터 추진하고 있는 『경북의 종가문화』 시리즈 발간도 이러한 사업의 일환입니다. 도내 종가를 대상으로 현재까지 『경북의 종가문화』 시리즈 64권을 발간하게 되었으며, 결과물은 관계 문중은 물론 일반인들로부터도 큰 호응을 얻고 있습니다. 이들 시리즈는 종가의 입지 조건과 형성 과정, 역사, 종가의 의례 및 생활문화, 건축문화, 종손과 종부의 일상과 가풍의 전승 등을 토대로 하여 일반인들이 쉽고 재미있게 읽을 수 있는 교양서 형태의 책자 및 영상물(DVD)로 제작되었습니다. 철저한 현장조사를 바탕으로 하여 관련 분야 전문가들이 집필함으로써 내용을 알차게 꾸미는 한편, 개별 종가의 특징을 부각시키고자 노력하였습니다.

이러한 노력으로, 금년에는 『**고령 죽연 박윤 종가**』, 『**영천 훈수 정만양 종가**』, 『**대구 백불암 최흥원 종가**』 등 3곳의 종가를 대상으로 시리즈 3권을 발간하게 되었습니다. 이 시리즈의 발간은 계속되어 도내 100개 종가를 목표로 연차적으로 추진해 나갈 계획입니다. 이러한 시도는 종가 관련 자료의 축적을 통해 종가문화 보존 및 활용을 위한 기초자료를 제공함은 물론, 일반인들에게 우리 전통문화의 소중함과 우수성을 알리는 데 크게 도움이 될 것입니다.

최근 유교적 가치와 문화에 대한 재조명이 활발히 이루어지고 있습니다. 그 바탕에는 오늘날까지 전통문화를 올곧이 지켜 온 종문의 숨은 저력이 있었음을 기억하며, 우리 도에 내재한 전통문화를 계승해 나가야 할 것입니다. 이를 통해 경북의 정체성 확립은 물론, 미래지향적인 새로운 정신을 찾아 세계적 정신문화로의 발전으로까지 이어질 수 있을 것이라 확신합니다.

앞으로 경상북도에서는 현재 잊혀 가는 종가문화에 대한 국가 차원의 컨트롤 타워 건립 유치를 위해 힘쓸 것입니다. 아울러 종가문화에 대한 지속적인 조사·연구 추진과 더불어, 종가의 보존·관리 및 활용방안을 모색하는 데 적극 노력해 나갈 것을 약속드립니다. 이를 통해 전통문화를 소중히 지켜 오신 종손·종부님들의 자긍심을 고취시키고, 나아가 전국의 종가를 연계하는 종가문화 네트워크 구축과 더불어 종가문화를 세계적인 명품브랜드로 육성해 나갈 계획입니다.

끝으로 이 사업을 위해 애쓰신 이영호 경북대학교 영남문화연구원장님과 연구책임자이신 정우락 교수님을 비롯한 여러 연구원분들, 그리고 집필자분들의 노고에 진심으로 감사드립니다. 아울러, 각별한 관심을 갖고 적극적으로 협조해 주신 종손·종부님께도 감사의 말씀을 드립니다.

2021년 3월

경상북도지사 이 철 우

지·은·이·의 말

조선은 문文으로 빚고 예禮로 다듬은 나라였고, 이념적으로는 주자학朱子學의 왕국이었다. 조선왕조가 개창될 때 그 시대의 리더들은 '나아감'과 '물러섬'의 가치에 따라 이합집산을 거듭했다. 어떤 것을 선택했든 그것은 개인의 현실 및 시대인식에 바탕한 것이기에 존중되고, 평가되어야 한다.

도진박씨들이 택한 것은 의리의 노선이었다. 의리는 정신적 우월감을 심어 주는 명예로운 훈장이지만 당대에는 그 효험을 기대할 수 없는 예비적 가치일 뿐이었다. 그들은 고향 땅 도진桃津으로 돌아와 관복을 벗었을 때 비로소 야인野人이 되었음을 실감했고, 고려왕조에 대한 그리움은 서러운 삼경의 탄식으로 남았다.

그래도 그들은 운運이 있고, 복福을 타고난 사람들이었다. 무릉도원武陵桃源에 손색없는 도진이라는 안식처가 있었고, 도연명陶淵明이라는 위대한 인물에 의지하여 상실喪失과 부재不在의 빈자리를 채울 수 있었기 때문이다. 마을의 든든한 수호신과 같은 대장산大嶂山과 청룡산青龍山, 도도함 속에서도 평온함을 잃지 않았던 낙강洛江의 물줄기도 그들에게 치유와 재충전의 살가운 조력자였음은 두말할 나위가 없다.

도진박씨는 파천破天의 기상을 지닌 무인의 유전자를 타고난 사람들이었다. 한때 그들이 개경 땅에 터를 잡을 수 있었던 것은 무관으로서의 역량에 바탕했고, 세조라는 문무겸전文武兼全의 군주를 만나 새 왕조의 리더로 부상할 수 있었던 것도 변방의 우환을 능히 걷어 낼 수 있는 장재將才 때문이었다. 박형朴炯·박계조朴繼祖 부자의 무훈武勳은 문물제도를 정비하고, 영토를 굳건하게 지키고자 했던 왕조 초기의 시대정신과 맞닿아 있었다.

붓잡이 문화를 뜻하는 문치文治는 학문이 뛰어나고 글에 능한 자를 선호하는 본성이 있다. 16세기에 접어들면서 조선의 학술문화는 비약적 발전을 거듭했고, 그 중심에 남명南冥 조식曺植과 퇴계退溪 이황李滉 같은 석학이 존재했다. 지식기반사회에서 글은 선택이 아닌 필수 요건이 되었고, 가문의 성쇠 또한 글을 다루는 역량과 직결되었다. 이런 사회적 분위기는 도진박씨에게 위기危機, 즉 위험한 상황인 동시에 기회의 순간이 되었다.

도진박씨는 강유剛柔를 겸비한 종족집단이었고, 그 특유의 유연성으로 패러다임의 변전을 시도했다. 그것은 무武에서 문文으로의 이행을 의미했고, 그 중심에 죽연竹淵 박윤朴潤이 있었다. 그는 예禮와 학學의 기풍을 일문에 주입시켰고, 당대의 석학 산해山海 선생이 죽연정竹淵亭에 올라 도의道義를 강마하고 산천의 아름다움을 노래하였을 때 도진은 문향만동文香滿洞의 선비 마을이 되었다.

가도家道는 쉽게 변하는 것이 아니다. 박윤이 문향을 지피는 그 순간에도 바로 밑의 아우는 무업武業을 고집하여 그 길로 갔고, 후일 도학道學으로 마을을 빛내게 되는 백학白鶴 같은 조카 또한 젊은 시절에는 궁마弓馬의 매력을 떨치지 못했다. 그러나 이것은 무성武性에 대한 맹목적 집착이 아니라 결기와 강단의 유전적 작동이었고, 그것은 임진왜란이라는 국난 앞에서 충절과 의리의식으로 승화되어 조선의 강토를 지키고 동포의 생명을 보전하는 원동력으로 기능했다. 이처럼 도진박씨는 문文의 시대를 살면서도 상무적尙武的 강인성을 유지하고 있었고, 그것의 최대 수혜자는 조선이라는 나라와 고령이라는 고을이었다.

남명학이 도진마을의 문화文華를 촉진하였다면 한강학寒岡學은 이곳에 도학과 예학의 기풍을 심었으며, 내암학來菴學은 남명학의 본령이 경의敬義에 있음을 가르쳤다. 한강학이 있었기에 박씨의 학문은 거칠지 않았고, 또 내암학이 있었기에 그 마을은 문약文弱의 병폐로부터 강한 내성을 키울 수 있었다. 양죽養竹의 고절高節과 학암鶴巖의 순학醇學은 이런 인문환경이 양성한 두 가지 모습이었다.

전란시대의 기여와 공훈은 도진박씨가 국가경영에 관심을 갖는 이유가 되었고, 그들은 그 자격을 획득하기 위해 치열하게 스스로를 단련했다. 1615년부터 1618년까지 쏟아진 세 장의 홍패는 그런 노력의 화려한 결실이었다. 도진 사람들은 충효忠孝의 시공적時空的 적용에 엄정한 사람들이었다. 그들은 한 시대가 인정했던 효문孝門의 자제들이었지만 가家와 국國을 혼동하지 않았다. 효가 가족공동체에 대한 자기 헌신의 논리였다면 충은 국가공동체에 대한 공적 윤리였다. 이들은 관료적 공무의식에 바탕하여 충을 강조했고, 그런 맥락에서 모후의 유폐에 찬성했다. 후일 인조반정의 주체들은 광해군과 대북정권을 강상차원에서 논단하였지만, 그 평가의 정당성은 지금도 논란 중에 있다. 특히 반정 이후 인목대비仁穆大妃로부터 옥새玉璽를 사여받는 인조의 모습은 무엇을 의미하는가? 그것은 '충의 멸절滅絶과 효의 부활'로 착상된다.

도진박씨는 강거문화江居文化를 꽃피운 문명인들이었다. 무릉도원의 의향意向을 품은 마을이었기에 확장 가능한 인문성이 충만했고, 죽연정을 필두로 마을 곳곳에 누정이 들어섰을 때 문화공간으로서의 풍요가 넘실거렸다. 어찌 보면 이들은 낙강洛江 승경의 선점자들이었다. 어목정漁牧亭·부래정浮來亭·학암정鶴巖亭에서 발산했던 아취雅趣는 낙강의 격조를 더해 주었고, 어목정에서 적정을 탐지하여 왜선을 침몰시켰을 때 어느 누구도 이곳을 가진 자들의 파한처破閑處로 비난할 수 없었다. 그들은 이곳에서 자연과 합일하여 치자로서의 소양과 품격을 길렀고, 위난이 닥치면 자신이 지녔던 모든 자산과 역량을 아낌없이 사회에 환원했던 것이다.

인조반정의 상흔傷痕은 깊었지만 명가의 저력은 쇠하지 않았다. 1657년 10월 남고처사南皐處士가 수십 년의 우거寓居를 걷고 고향으로 돌아왔을 때 도진마을은 주인을 얻은 듯 활기가 넘쳤다. 이제 이들은 남고를 중심으로 집안과 마을의 웅비를 기약하며 충효忠孝와 돈목敦睦을 강마하고, 학업에 전념했다. 도진을 아끼는 만큼이나 고령에도 애착을 가졌고, 지역사회의 지식문화적 발전과 안녕을 위해 수고를 아끼지 않았다. 이런 맥락에서 도진의 네 파는 모두 한 집안이라는 일가의식은 세대가 지날수록 더욱 강고해졌고, 공교육이 쇠잔하면 문연서원이 그것을 대신하며 지역의 학술문화적 동력을 지속시켰다.

이제 도진박씨는 삼강三綱을 실천하며 고령이라는 지역사회의 학술문화적 성장과 사회경제적 발전을 염두에 두는 혈연공동체로 그 존재성이 확대되면서 부러움과 존경의 대상이 되었다. 헌신이 따르지 않는 존경은 허상이다. 그들은 고령 사회의 리더라는 자긍심이 컸고, 그런 의식은 일제 강점기라는 또 하나의 민족 시련기에 희생적 행동으로 표출되었다. 1919년 삼일운동 당시 도진박씨들이 만세운동을 주창하며 옥고를 마다하지 않았던 것이 이를 증명한다.

도진에는 역사문화 자산만 존재하는 것이 아니라 그것을 잘 이어갈 사람이 있기에 현재는 편안하고 미래는 밝아 보인다. 고 박은용·박태규 선생, 항상 달가운 마음으로 종사에 노익장을 불태우고 계시는 박돈헌 선생의 현로를 잊어서는 안 될 것이다. 무가無價의 수고를 기억하는 이런 역사의식이 살아 있는 한 도진은 과거의 영화와 자존에 만족하지 않고 선대의 정신적 자산을 이 시대에 걸맞은 양질의 가치로 전환할 수 있는 몇 안 되는 가문이자 마을로 도약할 것임에 분명하다.

2021년 3월

김학수

목 차

제 1 장

입지조건과 형성과정

입지조건과
형성과정

1 도진桃津의 자연 및 인문 환경

: 무릉도원武陵桃源의 의취를 품은 사대부의 가거지可居地

고령박씨 죽연 가문의 백세터전 도진은 천혜의 풍광과 양질의 인문환경을 갖춘 길지였다. 도원동桃源洞으로도 일컬어지는 이 마을은 대가야의 고도인 고령읍에서 남쪽으로 20리쯤 떨어진 곳에 위치하고 있으며, 대장산大壯山과 청룡산青龍山이 병풍처럼 감싸고 있어 그 안온함은 비길 데가 없다. 무엇보다 마을 앞에는 '소동정호小洞庭湖'라 불리는 아름다움과 정취를 겸한 호수가 있어 사시사철 천하의 모든 승경을 담아 다시 그것을 세상을 향해 비춰 내고, 그 호수 아래의 긴 강둑에 조성된 무성한 복숭아 숲이 마을을 가려 그 신비로움은 더할 나위가 없다. 풍수학적으로 이 숲은 비보裨補의 성격을 지닌 것이겠지만 조물주造物主의 비장秘藏

고령 도진 항공사진

을 쉽사리 드러내고 싶지 않았던 인간의 솔직한 욕심이 개입되어 있다고 보는 것이 맞을 것 같다.

도진마을을 에워싼 복숭아숲은 흡사 성속聖俗의 경계선과 같은 느낌으로 착상된다. 봄이면 도화가 만개하여 마을의 풍요를 예감케 했고, 짧은 시간 자신의 역할을 다한 그 꽃잎은 모듬내[會川]의 물결에 떠내려가며 운치로운 자태를 뽐냈다. 이 순간을 놓치지 않고 강가의 왕버들은 녹음을 드리웠으니, 이곳이 바로 동양인의 이상향인 무릉도원武陵桃源이었던 것이다. 그랬다. 도진은 무릉도원의 신비로움을 간직한 상서로운 땅이었고, 여기에 이 땅을 점유했던 뛰어난 인간들의 품격 높은 경영이 더해지면서 한 시대가 주목하는 사대부의 가거지可居地로 발돋움하게 되었던 것이다.

천하의 길지에는 거기에 걸맞은 명사의 평론評論이 따라붙기 마련인데, 도진도 결코 예외일 수 없다. 도진마을에는 『불휴당문기不休堂文記』라는 필사본 소책자가 전해 오고 있는데, 거기에 '도진의 터에 대한 평론'이란 뜻을 지닌 「도진기평桃津基評」이란 평론이 실려 있다. 평론가는 천하의 명풍수로 임진왜란 때 명군으로 참전했다가 조선에 귀화한 두사충杜師忠이었다.

> "도진의 터는 그 형세가 배와 같아서 우물을 파서는 안 되며, 만약 우물을 파면 도진은 반드시 패망할 것이다. 안산에 절을 지으면 이곳은 매우 부유하고 번성할 것이다."라고 했다.
>
> 『不休堂文記』「桃津基評」

우물을 파지 말고, 안산에 절을 지으면 부귀와 영화를 누리리라는 것이 평론의 요체이다. 우물만 조심하면 일문의 복록을 유지하는 데 난관이 없음을 예시하고 있지만 그의 평론은 계속 이어진다. 도진은 흡사 배와 같은 형세를 갖추고 있는데, 이를 중원의 풍수론에 대입하면 문관文官의 배출이 매우 적은 형국이라는 것이다. 이는 학식과 문장보다는 재부財富에 적화適化된 공간이라는 뜻이며, 만약 다수의 문관이 배출되면 '만선滿船'과 같은 운명을 맞는다는 것이다. 짐을 가득 실은 배는 항구를 떠나기 마련이다. 즉 두사충은 문관의 다출多出을 만선에 비유하면서 이를 고향을 떠나는 이향離鄕의 조짐으로 해석했던 것이다. 이를 어떻게 받아들여야 할지는 모르겠지만 1615–1618년에 도진에서는 부자 및 숙질 사이에 연달아 3인(朴光先·宗胄·宗胤)의 문관이 배출되었다. 두사충의 평론 시점이 언제인지는 알 수 없지만 인조반정 이후 도진마을이 감당해야 했던 정치적 시련 속에 이향離鄕의 요소가 전혀 없었던 것은 아닌 듯하다. 그것을 상징적으로 보여 준 것은 남고南皐 박응형朴應衡의 인생 역정인데, 이에 대해서는 후술하기로 한다.

도진의 풍수에 대한 제가諸家의 평론은 두사충에 국한되지 않는다. 시문용施文用이란 풍수가 또한 도진에 대한 평을 남긴다. 시문용 역시 명군으로 참전했다가 귀화하여 정인홍鄭仁弘의 친척 누이를 아내로 맞은 인물로 풍수와 점占에 해박했다. 이런 맥락에서 정인홍은 매사를 결정할 때마다 그에게 자문하여 길흉을 점쳤다고 한다. 박광선·종주 부자와 정인홍의 친연성을 고려할 때 그가 도진을 방문한 것은 매우 자연스런 귀결로 읽힌다.

> "대장산大壯山과 연지蓮池의 터를 보니, 이곳의 가기家基가 가장 길하여 문장에 능한 재사가 배출될 것이고, 또 가부家富를 족히 3–4대 동안 이어갈 것이다."라고 했다.

이처럼 시문용은 문장과 재부를 기준으로 도진의 풍수를 논

마을 전경

했는데, 결과론적 해석일 수 있지만 그의 평설은 실상을 비껴 가지 않고 있다.

한편 우리는 영남을 대표하는 길지로 봉화의 닭실마을, 안동의 하회마을과 내앞마을, 경주의 양동마을을 꼽는다. 땅의 길함과 흉함은 그곳에 살았던 인간의 궤적과 성취로 징험된다는 점에서 이 네 마을에 대한 평가는 타당하다. 한편 이중환李重煥(1690-1752)은 자신의 저서 『택리지擇里志』에서 영남의 명촌名村을 다음과 같이 제시한 바 있다.

이씨는 퇴계退溪(李滉)를 모시고 도산陶山을 점유하였고, 류씨는 서애西厓(柳成龍)를 모시고 하회河回를 점유하였으며, 김씨는 학봉鶴峯(金誠一)을 모시고 내앞[川前]을 점유하였고, 권씨는 충재冲齋(權橃)를 모시고 닭실[酉谷]을 점유하였으며, 김씨는 학사鶴沙(金應祖)를 모시고 오미곡五美谷을 점유하였고, 김씨는 백암栢巖(金玏)을 모시고 학정鶴亭을 점유하였으며, 이씨는 존재存齋(李徽逸)를 모시고 갈산葛山을 점유하였고, 이씨는 대산大山(李象靖)을 모시고 소호리蘇湖里를 점유하였으며, 이씨는 석전石田(李潤雨)을 모시고 돌밭[石田]을 점유하였고, 이씨는 회재晦齋(李彦迪)를 모시고 옥산玉山과 양자골[楊子谷]을 점유하였으며, 장씨는 여헌旅軒(張顯光)을 모시고 옥산玉山을 점유하였고, 정씨는 우복愚伏(鄭經世)을 모시고 우산愚山을 점유하였으며, 최씨는 인재訒齋(崔晛)를 모시고 해평海坪을 점유하였다.

李重煥, 『擇里志』「跋擇里志(丁若鏞撰)」

그가 영남의 명촌으로 제시한 도산陶山·하회河回·내앞[川前]·닭실[酉谷]·미동美洞·학정鶴亭·갈산葛山·소호蘇湖·석전石田·옥산玉山·양동良洞·우산愚山·해평海坪은 안동·봉화·영주·영해·경주·인동·상주·선산 등 지금의 경북 지역에 집중 분포하고 있다. 이를 조선시대 정파 및 학파에 대입하면 남인 퇴계학파에 속한다. 여기서 한 가지 아쉬운 것은 이중환이 고령 지역에 조금도 관심을 가지지 않았고, 도진마을에는 눈길조차 주지 않았다는 것이다. 성호星湖 이익李瀷이 양성한 실학자로서 역사와 지리에 특히 해박했던 이중환의 학자적 식견과 안목에 반론을 제기할 뜻은 없다. 다만, 그의 박식함으로도 고령의 도진을 간과한 것은 『택리지』의 작은 흠결이 아닐 수 없다. 이 글은 그 흠결에 대한 수정과 보완의 의

1972년 도진의 옛 전경(박돈헌 제공)

미를 지니고 있고, 왜 도진을 조선이 주목했고, 또 지금 우리가 주목하는 학술과 문화 그리고 정신사의 연수淵藪가 되어야 하는지를 해명하는 데 주안점을 둔다.

입지조건과
형성과정

2 고령 입향과 '도진전거桃津奠居'

: 본향회귀本鄕回歸의 의로운 걸음

1) 고령박씨의 연원淵源: 선원혈맥璿源血脈의 '고양세가高陽世家'

도진에는 아득한 옛날부터 사람들이 살아오면서 그 나름의 문화를 창출, 전승해 왔겠지만 이곳이 사대부의 주거 및 학술문화공간으로 모색된 것은 왕조 교체라는 시대적 격변과 맞닿아 있었다. 고려 후기 성리학의 도입은 문치의 분위기를 더욱 고조시키며 사대부의 성장을 촉진하는 계기가 되었다. 그러나 사대부는 조선왕조의 개창을 두고 '절의파節義派'와 '혁명파革命派'로 양분되었다. 전자가 고려왕조에 대한 의리를 고집하며 은거 또는 낙향의 길을 걸었다면, 후자는 신왕조 개창에 적극적으로 협찬하여 정치권력을 독점한 실세로 부상하게 된다.

이해利害와 영욕榮辱이 엇갈리는 절체절명의 상황에서 도진마을 죽연 가문의 선대가 택한 것은 충절忠節이었고, 그런 흐름을 주도한 인물은 소윤을 지낸 박경朴景과 그 아우 박용수朴龍壽였다. 이들 형제는 뜻을 같이하는 판서 한철충韓哲沖, 중랑장 김유金維, 서령 박간朴簡 등과 함께 도진으로 낙향하여 풍류를 일삼으며 세사를 단념하게 된다. 그러나 이들 '은거동맹隱居同盟'도 그리 오래가지는 못했다. 한철충·김유·박간 등은 약 2년 뒤에 합천으로 이주하였기 때문이다. 이 가운데 한철중은 합천의 이사리伊泗里에 정착하였고, 박간 계통 또한 손자 박윤빈朴允贇이 광산김씨와 혼인을 매개로 이사리로 이거함으로써 이사마을은 합천을 대표하는 반촌班村으로 성장하게 된다. 후일 도진 출신의 박광선朴光先·박종주朴宗冑 등과 함께 정인홍鄭仁弘의 내암문하來菴門下를 출입하여 학자로서 큰 이름을 얻게 되는 무민당無悶堂 박인朴絪이 곧 박간의 7세손이다. 박인은 일생 처사로 살며 학문에 매진하는 가운데 『남명선생언행록南冥先生言行錄』, 『남명선생연보南冥先生年譜』, 『산해사우연원록山海師友淵源錄』을 편찬하는 등 남명학의 핵심 문헌을 정비하는 데 크게 기여하게 된다.

동양적 은자의 상징인 도연명陶淵明의 정신을 흠모하며 성명性命을 담보해야 했던 엄혹한 시대 상황에서 충절과 의리의 험로를 택했던 죽연가의 선대는 어떤 존재들이었을까?

고령박씨는 신라 제54대 경명왕景明王의 둘째 아들 고양군高

박씨 8대군 분봉도分封圖

경명왕 ⇒①밀성군密城君: 밀양박씨
⇒②고양군高陽君: 고령박씨
⇒③사벌군沙伐君: 상주박씨
⇒④완산군完山君: 전주박씨
⇒⑤죽성군竹城君: 죽산박씨
⇒⑥속성군速城君: 함양박씨
⇒⑦승평군昇平君: 순천박씨
⇒⑧월성군月城君: 경주박씨

陽君을 시조로 하고, 그 7대손 박환朴還을 중시조로 하는 천년의 유구한 역사를 지닌 삼한三韓의 갑족甲族이었다.

족보에 따르면, 고려 중기에 활동한 것으로 추정되는 중시조 박환朴還은 부창정副倉正의 벼슬을 지냈음을 확인할 수 있을 뿐 그가 남긴 역사적 자취는 자세하지 않다. 다만, 그가 수행했던 부창정은 고려 성종 대에 제정한 향직鄕職의 하나라는 점에서 죽연가의 선대는 고려 중기까지 고령 지역의 상층 향리층鄕吏層에 속해 있었다고 보는 것이 합당할 것 같다. 주지하다시피 고려시대의 향리는 지방 행정의 주관자로서 그 권한이 매우 컸던바, 조선시대의 향리와는 그 사회적 지위가 현저하게 달랐다.

향리적 성격은 박환의 아들 박동신朴東臣의 이력에서도 확인할 수 있다. 기록에 따라서는 박동신이 삼한삼중공신三韓三重功臣

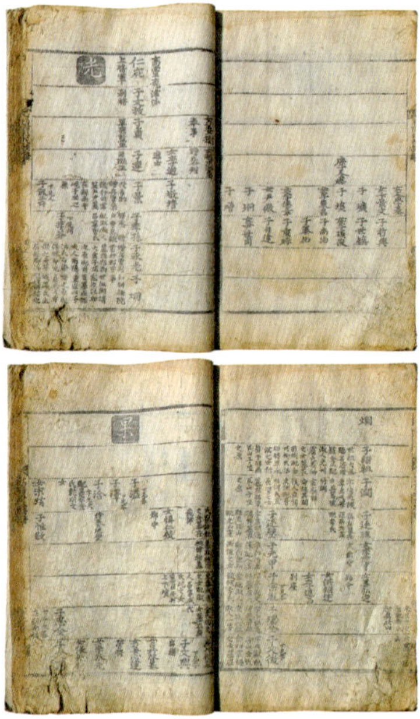

『고령박씨족보』(고령박씨 소윤공파 제공)

으로 동북남도순문찰리사東北南都巡問察理使를 지냈다는 주장도 있고, 후손이 지은 비명에는 고려개국공신高麗開國功臣으로 서술되어 있으나 후자의 경우는 역사적 시간을 고려할 때 사실일 가능성이 매우 적다. 오히려 족보에는 그를 정조호장正朝戶長으로 기술하고 있는데, 이는 그가 아버지 박환 이래의 가업을 세습하였음을 분명하게 보여 주는 대목이다.

한편 죽연가는 박동신의 아들 박세영朴世英 대를 기점으로 사회적 행보를 확장해 나가게 되는데, 그 척도가 되는 것은 사환이었다. 박세영은 비록 실무가 없는 명목상의 관직이기는 해도 금

고령박씨 죽연가문 세계도: 상대

환還
↓
동신東臣
↓
세영世英
↓
인비仁庇
↓
문발文拔
↓
정貞
↓
연連
↓ ② 용수龍壽 (阿谷派)
↓ ① 경景 (桃津派)

오위산원金吾衛散員이라는 동정직同正職을 확보하고 있었다. 이것은 종전의 향역 단계에서 공직公職으로의 전환을 의미한다는 점에서 커다란 발전적 변화가 아닐 수 없었다. 그의 사회적 지위의 향상과 관련하여 주목할 것은 처가의 존재이다. 그의 처가는 고령이씨로 처부는 검교직檢校職이지만 신호위상장군神虎衛上將軍의 직함을 지니고 있던 이직李稷이다. 박세영의 동정직 획득에 처가의 영향이 있었음을 짐작할 수 있는 대목이다. 박세영의 묘소는 합천군 묘산면 계동촌桂洞村에 조성되었으며, 그 행적을 담은 묘갈명은 1896년 후손 진사 박영학朴英鶴이 찬술했다. 묘소 아래에는 후손들이 선조에 대한 보본추원報本追遠의 뜻을 담아 계산재桂山齋

가 건립되었고, 이 재실은 지난 2000년에 새롭게 중수되어 오늘에 이르고 있다.

박세영은 고령이씨와의 사이에서 인걸仁傑·인비仁庇 두 아들을 두었는데, 차자 박인비가 죽연가의 선대이다. 박인걸·인비 형제는 둘 다 정의대부正義大夫 감문위監門衛 상장군을 역임하였는데, 고령박씨가 관향지를 떠나 상경종사하던 시점도 이때로 추정된다. 즉, 여말선초의 시대적 소용돌이 속에서 박경朴景 형제가 도진으로 환향하기까지 약 5대 동안 이들은 개경開京 및 그 주변에 기반을 두고 사환을 이어 가며 도회문화都會文化를 수용할 수 있었던 것이다. 박경의 환향 당시 정치·사회적 행보를 함께했던 박간은 박인걸의 5세손으로 두 사람은 4종 숙질간이었다.

박인비는 아들 박문발朴文拔과 김정신金正臣에게 출가한 딸 하나를 두었다. 아들 박문발은 하급 무관인 별장別將에 그쳤지만 외파는 크게 번성하게 된다. 사위 김정신은 재추宰樞 반열의 고위직인 판삼사사判三司事를 역임했고, 무안박씨 출신의 박문오朴文晤를 사위로 맞았다. 박문오는 고려 공민왕 때 평장사를 지내고 금성부원군錦城府院君에 봉해진 매우 현달한 인물이었는데, 바로 박인비의 외손서였던 것이다. 부계·외계·처계 혈통 모두를 중시했던 고려시대의 사회적 관행을 고려할 때 외파의 현달이 고령박씨 집안의 사회적 입지 강화에도 일정한 영향을 미쳤음은 재론의 여지가 없다. 특히 박문오의 조부 박성기朴成器는 상장군, 부친 박부朴琈는 밀직부사, 형 박문연朴文衍은 공부상서, 아우 박문정朴文正

박세영 내외 자손도

朴世英 → 仁庇 → ①文拔

仁庇 → ②女 金正臣 判三司事 → 女 朴文晤 錦城府院君

은 호부상서, 매부 윤수尹秀·최단崔端·강적순康迪順은 각기 판서·밀직부사·형부상서, 아들 박윤구朴允球는 호부상서를 지낸 권문의 자제였다는 점에서 이런 추론은 더욱 무게감을 갖는다.

별장을 지낸 박문발의 아들 박정朴貞이 판군기감사判軍器監事를 역임할 수 있었던 것도 조부 박인비 이래의 가문적 배경 및 박문오로 대변되는 인친들의 지원과 무관치 않아 보인다. 판군기감사는 군기감의 종3품 관직으로 조부 박인비의 상장군(정3품)에 버금가는 고관직이었다. 이후 박정의 아들 박연朴連 또한 정5품직인 사온서령司醞署令을 지니며 집안의 사환 전통을 이어 가게 된다.

이상에서 살펴본 바와 같이 죽연가의 선대는 신라의 왕손이라는 혈통적으로 우월한 지위를 지녔지만 새 왕조인 고려에서는 그것을 보장받지 못하고 고려 중기까지 고령의 향리로서 토착세력의 중심부에 위치하다 박인비 대를 기점으로 중앙 관계로 진출을 모색하여 상당한 입지를 구축할 수 있었던 것이다. 이때 이들이 사환의 경로로 활용했던 것은 장군將軍·별장別將 등 무반직이었고, 이런 전통은 죽연 박윤이 한 시대가 주목하는 엘리트 지식인으로 성장하여 일가의 가풍을 문한文翰으로 새롭게 디자인하기까지 약 10대 동안 지속되었다.

2) 고령 입향: 도진시대桃津時代의 화려한 개막

무반직을 통해 사환을 세습하던 도진박씨의 선대는 박연의 아들 박경 대에 이르러 새로운 전기를 맞게 된다. 박경은 고려 말에 출사하여 사재감 소윤을 지낸 인물이다. 사재감은 전함戰艦 등을 관장하는 부서라는 점에서 그 또한 가문의 전통에 따라 무관으로서 군국軍國의 기무를 살폈다고 할 수 있다. 이런 가운데 그는 생애 후반기에 역성혁명의 소용돌이에 직면하게 된다. 당시의 모든 관료는 고려든 조선이든 어느 하나를 선택해야 하는 상황을 강요받았다. 소윤少尹이 비록 고관은 아니었지만 그는 고려 왕조의 신하임을 분명하게 자각自覺하며 부귀와 영달보다는 충절과 의리를 택했다. 새 왕조에서 전조前朝에 대한 의리를 고수하는 사람이 설 곳은 없었고, 이때 그가 단행한 것이 일문의 영원한 고향 고령으로의 귀향이었다. 이로써 그는 야인野人의 삶을 자처하게 되었지만 무릉도원에 비길 만한 도진이라는 아름다운 공간을 점지하여 일문의 백세터전을 조성한 것만으로도 큰 행운이었다. 더욱이 뜻을 같이하는 아우 용수龍壽와 같은 천륜天倫이 있었기에 그 만년은 결코 외롭지 않았다. 여기서 그는 신절臣節을 지키면서도 그것을 드러내지 않았고, 새로운 세상에 대한 원망도

박경 묘소(박돈헌 제공)

품지 않았다. 그저 자신의 도道를 묵묵하게 행하며 대인의 길을 걸을 뿐이었다. 이름을 '경景'에서 '굳셈'을 뜻하는 '경勁'으로 고친 것은 변치 않는 충절의 자기 단련 과정으로 읽힌다. 그 덕량德量과 기국器局 그리고 절조節操가 이처럼 호연하고 강건하였기에 그의 용퇴勇退는 타협하지 않는 사대부가의 당당한 가도家道가 되어 자손들에게 유전되었고, 자손들 또한 이를 승습하며 도진桃津을 연명淵明에 부끄럽지 않고, 선조에 죄스럽지 않는 공간으로 일구어 갔던 것이다. 그가 도진박씨의 어떤 조상들보다 무한한 기림을 받는 이유도 여기에 있다.

박경은 부인 팔계정씨와의 사이에서 계손季孫과 계분季芬 두 아들을 두었다. 의리를 지키기 위해 영달을 마다하고 낙향한 아버지를 두었기에 이들 형제의 삶도 그리 녹록지는 않았을 것이다. 하지만 두 아들은 정훈庭訓을 거스르지 않고 반듯하게 자라 건실한 무관으로서 직분을 다했다. 장자 박계손은 창신교위彰信校尉 부사과를 역임하고 호조참판에 추증되었고, 대호군을 지낸 차자 계분에게는 후일 이조판서에 추증되는 영예가 따랐다. 박계손의 경우 무과에 합격하여 참의에 올랐다는 기록도 있는데, 이와 관련하여『세종실록』에는 1433년 윤8월 3일 세종이 친히 주관한 양로연養老宴에 박계손이 초청된 사실이 수록되어 있다.

임금이 근정전에 나아가 양로연을 베푸는데 여러 노인에게 명하여 절하지 말라 하고, 4품 이상이 차례로 올라올 때 임금이 일어나서 맞고, 2품 이상은 전내에서 동서로 서로 향하여 자리 잡게 하니, 동쪽에는 좌의정으로 치사致仕한 이귀령李貴齡과 검한성윤檢漢城尹 강의姜毅이고, 서쪽에는 검한성윤 유귀수兪龜壽와 검판내시부사檢判內侍府事 김양金亮이며, 4품 이상은 월대 위에서 동서로 서로 마주 보게 하니, 동쪽에는 행 사직司直 이양달李陽達 등 5인과 전 소감少監 방유신方有信 등 5인이고, 서쪽에는 전 판군기감사 박계손朴季孫 등 4인과 전 부정副正 박영필朴英弼 등 6인이며, 5품 이하로 천인에 이르기까지는 전정 동서에 겹줄로 서로 마주 보게 하니, 동쪽에는 전 사직司直 조의趙義 등에서 천인에 이르기까지 66인이고, 서쪽에는 전 중랑장中郎將 차막삼車莫三 등에서 천인에 이르기까지 65인으로 모두 합계 1백 55인이었다. 잔치가 끝나매 여러 늙은이가 술에 취하여 노래들을 부르면서 서로 붙들고 차례로 나갔다.

『세종실록』「세종 15년 윤8월 3일(계축)」

도진박씨 분파도

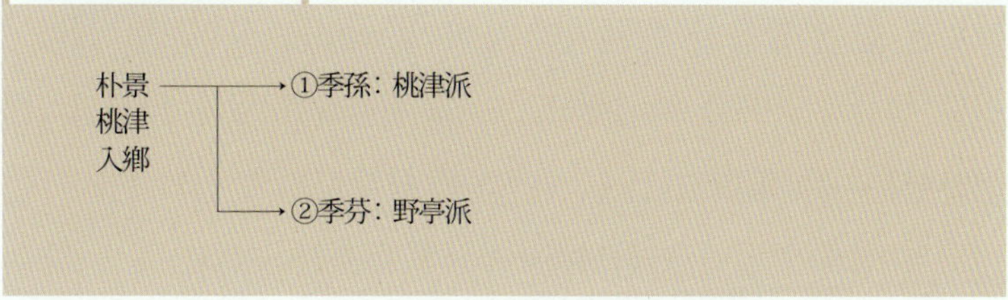

당시 그의 직함이 비록 전직이기는 해도 정3품직인 판군기감사判軍器監事라는 점은 여타 기록의 신빙성을 더해 주기에 충분하다. 무엇보다 국왕이 친행親行한 연회에 초청되었다는 것은 그가 세종의 각별한 신임을 받은 신료였음을 웅변한다.

한편 고령박씨는 박경의 아들 대에 두 파로 나뉘게 되는데, 장자파는 도진에 세거함으로써 도진파桃津派가 되고, 차자파는 야정野亭으로 분거함으로써 야정파野亭派로 불리게 된다.

박계손의 외아들 박승로朴承老 또한 관료로 발신하여 내외의 요직을 거친 뒤 통정대부 울산군수에 올랐다. 그의 관료적 궤적은 『세종실록』에서 찾아볼 수 있는데, 1445년 1월 5일 진무鎭撫 직함으로 한계미韓繼美와 함께 굶주린 백성들을 진휼하는 장면이 그것이다.

> 진무鎭撫 박승로朴承老와 한계미韓繼美를 도성 아래 10리 되는 곳까지 내보내어 굶주린 백성들을 둘러 살피어서 쌀과 간장을 나누어 주게 하였다.
>
> 『세종실록』「세종 27년 1월 5일(기묘)」

진무鎭撫라는 직함은 다소 생경하고 대수롭지 않아 보일지 모르지만 함께 활동한 한계미의 가계 및 이력을 살펴보면 세종이 진무 행정에 얼마나 고심했고, 또 그 적임자를 얼마나 세심하게 선발했는지를 족히 가늠할 수 있다. 청주한씨 출신의 한계미는 세조조 정계의 실력자 한명회韓明澮와 재종간이었다. 증조 한수韓脩는 고려 말의 명신이었고, 조부 한상경韓尙敬은 개국공신으로 영의정을 지냈으며, 부친 한혜韓惠는 문과에 장원하여 16세에 충청감사에 제수된 수재였다. 한계미 자신은 좌리공신佐理功臣에 녹훈되고 이조판서를 지냈고, 아들 한의韓義 또한 좌리공신으로서 병조참판을 지냈으며, 손자 한형윤韓亨允은 이조판서, 증손 한기韓紀는 성종의 부마가 되어 청평위淸平尉에 봉해지는 등 그 환력이 혁혁하여 '십세재상가十世宰相家'로 불린 문벌가의 자제였던 것이다.

한편 죽연가의 선대는 박승로의 아들 박형朴炯 대에 문호가 크게 신장된다. 도진에 입향한 지 4대 만에 비약적 성장의 기반이 마련된 것이었다. 박형의 입사 경로는 자세하지 않지만 문음門蔭 또는 천거를 통해 벼슬길에 나아간 것으로 보이며, 직종은 역시 무관이었다. 그의 관료로서의 존재감이 기록을 통해 확인되는 것은 1453-1455년 계유정난癸酉靖難에서 세조의 즉위로 이어지는 정치적 격변기였다. 이 과정에서 그는 세조의 즉위를 협찬한 공을 인정받아 좌익원종공신佐翼原從功臣 1등에 녹훈됨으로써 훈신의 반열에 올라 서반의 중신으로 활동하게 된다. 1455년 윤6월에 제수된 첨지중추원사僉知中樞院事 직임은 그 서막이었다. 이해 12월 27일 그는 좌익원종공신에 공식 녹훈되었는데, 세조는 박형 등 원종공신들의 공로를 다음과 같이 격려했다.

"공功을 기록하고 상賞을 주는 것은 나라의 아름다운 법이다. 내가 부족한 덕德으로 외람되게 대위大位에 앉았는데, 잠저潛邸에서의 어려울 때를 회고하니, 덕이 같은 신하들이 전후 좌우에서 과인을 보호하였기 때문이다. 혹은 나의 동렬同列로서, 혹은 나의 요좌僚佐로서 혹은 가까운 친척으로서 혹은 오래 수종隨從하던 사람으로서, 혹은 내가 중국에 갈 때에 발섭跋涉의 노고를 함께하였고, 혹은 정난靖難에 참여하여 방위防衛에 힘쓰고, 아래로 복예僕隷에 이르기까지 힘을 다하였으니, 모두 원종原從의 공功이 있어서 오늘의 아름다움에 이르렀으니, 내가 감히 잊겠는가? 마땅히 먼저 포상褒賞하는 법을 보여서 처음부터 끝까지 변하지 아니하는 의리를 굳게 하려고 한다. 너희 의정부에서는 나의 지극한 마음을 받아들여 마땅히 빨리 거행해야 할 것이다."

『세조실록』「세조 1년 12월 27일(무진)」

〈좌익원종공신 주요 인물〉

연창위延昌尉 안맹담安孟聃·성원위星原尉 이정녕李正寧·좌찬성左贊成 권제權踶·전의위全義尉 이완李梡·지돈녕知敦寧 성봉조成奉祖·도절제사都節制使 이윤손李允孫·청성위靑城尉 심안의沈安義·예조판서禮曹判書 김하金何·중추원사中樞院使 안지安止·동지중추同知中樞 권맹손權孟孫·교리校理 한계희韓繼禧·정랑正郞 윤사흔尹士昕

무엇보다 원종공신 동맹 중에는 향후 세조 정국을 주도하게 되는 명사들이 주류를 이룸으로써 박형의 관료적 기반도 더욱 견고해졌다. 그중에서도 유념할 인물은 왕실의 여러 부마를 비롯하여 권제權踶·한계희韓繼禧·윤사흔尹士昕 등이다. 권제는 권근의 아들이자 권람權擥의 부친이며, 후일 찬성을 지내게 되는 한계희는 1445년 박승로와 함께 진무 역할을 수행했던 한계미의 아우이기도 했다. 우의정을 지낸 윤사흔은 세조의 처남으로 왕실의 지친이었다.

비록 원종공신이었지만 훈공에 따른 보상은 적지 않았다. 아래 세조의 교서에는 그 특전이 명시되어 있는데, 이를 통해 당시 박형의 사회·경제적 여건을 충분히 짐작할 수 있다.

> "1등에게는 각각 한 자급資級을 더하여 주고, 자손은 음직蔭職을 받게 하며 후세에까지 유죄宥罪하고 부모에게는 작爵을 봉封하고, 자손 중에서 한 사람을 자원에 따라 산관散官 1자급을 더하여 주라. … 공신功臣 가운데 통정대부通政大夫 이상은 자손·형제·생질·사위 가운데에서 한 사람을 자원에 따라 산관散官 한 자급을 더하여 주고, 죽은 자에게는 각각 본등本等에 의하여 시행하고 한 자급을 추증追贈한다. 죄를 범하여 산관이 된 자는 본품本品으로 서용하고 상중에 있는 자와 연고가 없이 산관이 된 자는 한 자급을 더하여 주어 서용하며, 영구히 서용하지 못하게 된 자에게는 벼슬길에 통함을 허락한다. 고신告身을 거둔 자는 돌려주고, 첩의 아들은 한품限品을 적용하지 말고, 공사 천인公私賤人은 모두 천인을 면하게 하고, 사천私賤은 주인에게 공천公賤으로 보상하게 한다."라고 하였다.
>
> 『세조실록』「세조 1년 12월 27일(무진)」

한편 박형은 1456년 6월 4일 동지중추원사同知中樞院事로 승진했고, 1457년 1월 도진무 재임 시에는 강희안姜希顔·조석문曹錫文·

문종의 딸 경혜공주敬惠公主 인장

한계미韓繼美·권지權摯 등과 함께 세조의 위로주를 받는 등 특별한 예우를 입었으며, 이후에도 세조가 친히 주관하는 각종 연회 및 사회射會에 매우 빈번하게 초청됨으로써 관료적 위상의 격상을 실감하게 된다. 이런 가운데 1457년 3월에는 전지를 하사받았는데, 그 땅은 경기도 금천衿川에 소재했고, 원소유자는 정종鄭悰이었다.

> 정종鄭悰의 금천衿川 전지는 중추원부사 박형朴炯에게 내려 주라.
>
> 『세조실록』「세조 3년 3월 23일(병술)」

해주정씨 출신의 정종은 문종의 부마로 봉호는 영양위寧陽尉였다. 한때 사극의 주인공으로도 등장한 경혜공주敬惠公主가 바로 그의 아내였다. 정종의 조부 정역鄭易은 태종과 고려 과거의 동방이자 사돈 간이었는데, 태종의 둘째 아들 효령대군孝寧大君이

정역의 사위였다. 이처럼 해주정씨는 조선왕실과 척연이 매우 깊었으나 계유정난의 와중에 영양위 정종이 세조와 적대적인 관계가 됨으로써 참혹한 가화를 입었고, 재산 또한 몰수되어 그 가운데 일부가 새로운 승자로 부상한 박형에게 지급되었던 것이다.

이런 가운데 1457년 6월에는 사정전思政殿에서 개최된 왜사倭使 위로 연회에 참가하는 영광이 주어졌고, 1457년 10월 도진무都鎭撫를 거쳐 1458년 2월에는 동지중추원사 겸 경상우도 병마도절제사, 1460년 8월에는 판종성부사判鍾城府事로 부임하는 등 세조의 신임이 두텁게 이어졌다.

그는 세조의 기대를 저버리지 않았다. 종성부사에 부임한 지 한 달 만에 여진정벌女眞征伐이 이루어졌다. 이 과정에서 박형은 신숙주申叔舟를 도와 큰 공을 세워 정헌대부正憲大夫로 승진하고 함길도도절제사咸吉道都節制使에 임명되는 영광을 누리게 되었다.

> 29일에 박형朴炯·김귀손金貴孫으로 하여금 정병精兵 5백 기騎를 뽑아서 진군하여 모리안毛里安을 공격하고 양정 등과 만나 지름길로 회령會寧에 돌아오게 하였고, 신숙주는 영營으로 돌아왔다.
>
> 『세조실록』「세조 6년 9월 11일(갑신)」

이를 계기로 박형에 대한 세조의 신뢰는 더욱 커졌고, 수시로 교서敎書 또는 유서諭書를 내려 면려와 위로를 아끼지 않았으며, 동년 11월에는 정토征討의 공을 인정받아 승진과 함께 노비 6구를 하사받는 특전을 입었다.

정토征討에 나아간 장수와 군사의 군공을 논하여 1등은 3자급을 뛰어서 제수하고, 2등은 2자급을 뛰어서 제수하고, 3등은 1자급을 뛰어서 제수하고, 3등은 1자급을 뛰어서 제수하였다. … 정식鄭軾·김사우金師禹·김계손金繼孫·곽연성郭連城·강순康純·박형朴炯·강효문康孝文에게는 노비 각각 6구씩을 내려 주었다.

『세조실록』「세조 6년 11월 10일(임오)」

결국 세조는 국방에 있어서는 박형을 '쓸 만한 인물'로 확신했고, 그런 마음은 사연賜宴 등을 통해 은근하면서도 강렬하게 표현되었다. 그러나 박형에게도 위기는 있었다. 함길도도절제사咸吉道都節制使로 재임하던 1461년 5월 이른바 고령전투高嶺戰鬪에서의 실책 때문이었다. 당시 박형은 상황을 오판한 책임으로부터 자유로울 수 없었고, 여기에 전마戰馬를 잃어버린 상황을 보고하지 않은 것까지 더해지면서 세조의 분노를 샀다. 이에 세조는 신숙주申叔舟·한명회韓明澮 등과 더불어 박형의 조처에 대해 은밀하게 논의한 끝에 추국推鞫할 것을 명하게 된다. 당시 박형이 벼슬에서 물러나 고령 도진에서 부모를 시봉하던 중에 압송의 명이 내렸던 것이다. 그러나 어찌된 영문인지 압송을 명한 지 한 달 만인 동년 6월 세조가 박형의 치죄를 불문에 부침으로써 박형은 화를 면하게 되었다. 세조의 명은 그간 종묘사직을 위해 소의간식宵衣旰食의 자세로 봉공奉公했던 중신에 대한 속 깊은 배려였던 것이다. 이로써 파란만장했던 박형의 관료적 삶은 종지부를 찍게 되었지만 그는 고향 도진에서 여유로운 삶을 영위하다 명예롭게

마을 입구에 위치한 고령박씨세거비

생을 마감하였다.

박형의 일생은 도진박씨들에게 매우 중요한 의미를 지닌다. 박형 이전의 인물들이 평범한 관료에 지나지 않았던 것에 반해 그는 공신의 반열에 올라 그 직급이 정경에 이르렀고, 무엇보다 세조의 큰 신임을 받았다는 점에서 그 자손들의 관료적 진출의 활로를 개척했다고 할 수 있었다. 그와 평생을 함께했던 환우宦友, 좌익원종공훈의 동맹同盟들은 그와 그 자손들에게는 더없이 든든했던 인적 자산이었던 것이다. 아들 박계조의 현달 또한 아버지가 구축했던 인적 인프라와 결코 무관하지 않다.

제2장

종가의 역사
: 종손의 계보와 그 도도한 삶의 자취

1 양산공梁山公 박계조朴繼祖
: 죽연가의 기틀을 닦은 기가조起家祖

박경⇨박계손⇨박승로⇨박형으로 이어지는 도진박씨의 가통을 물려받은 인물은 박형의 외아들 박계조朴繼祖(1465~1525)였다. 그는 도진박씨의 역사에서 하나의 분기점에 위치하였는데, 그것은 무적武的 전통에서 문적文的 가풍으로의 전환이었다. 즉, 그는 고조 박경 이래의 가풍을 착실히 계승하는 한편으로 자신의 가家가 16세기 조선이 선호하는 방향으로 순항할 수 있는 힘과 비전을 제시할 의무가 있었다.

그렇다면 16세기 조선이 선호했던 가치는 무엇인가? 그것은 문치文治의 틀에서 범주화할 수 있고, 그 구체적인 모습은 주자학적 지식기반사회를 주도할 수 있는 학인·문사였다. 박계조 자신은 비록 무관이었지만 향후의 조선이 어떤 방향으로 나아갈지를 그는 훤히 내려다보고 있었다. 그런 맥락에서 그는 아들 3형제를 준수한 인재로 육성함으로써 그 소임을 다할 수 있었던 것이다.

박계조의 생장에는 세조 정권과의 친연성이 강하게 투사되어 있었다. 우선 그는 친계·외계 및 처계까지 3향이 좌익원종공신 집안이었다. 부친 박형의 훈업은 전술한 바와 같고, 외조 나홍부羅洪紶의 경우 예빈시주부를 지냈는데, 그 형이 좌익원종공신 2등에 녹훈된 나홍서羅洪緖였다. 후일 그의 후취 처가가 되는 전주류씨 또한 처조부 류효지柳孝池가 좌익원종 2등 공신이었던 것이다. 여러 기록에 따르면 이름 '계조繼祖' 또한 세조의 사명賜名이라고 한다. 즉, 세조가 박형이 휴가를 청하자 그 연유를 물었는데, 이에 박형이 부인의 출산을 위해 말미를 구했음을 밝히자 세조는 박승로·박형 부자의 진충보국盡忠報國의 공을 높이 치하하는 가운데 아들을 낳으면 '계조繼祖'라 하여 세가의 전통을 면면히 이어갈 것을 권유했다. 모든 이가 바라던 대로 부인은 아들을 낳았고, 박형은 군왕의 뜻에 따라 아들의 이름을 '계조'로 명명하였다는 것이다. 이 '명명담화命名談話'는 세조와 박형의 군신관계의 공고함을 상징적으로 보여 주는 예라 하겠다.

박계조의 출생은 세가의 여경餘慶이었고, 훈신의 만득자였기에 그 삶은 유복했다. 그 역시 가업을 이어 무업武業에 종사했다. 어릴 때부터 궁마弓馬에 탁월한 재능을 보여 내금위內禁衛로 선발되었고, 1494년(성종 25)에는 무과에 올라 엘리트 무관의 길을 걸었다. 이후 그는 부장을 거쳐 거제현령이 되었는데, 목민 행정에도 조예가 깊어 애민의식愛民意識에 바탕하여 선정을 펼침으로써 치성治聲이 자자했다고 한다.

다시 조정으로 돌아와서는 조지서별제造紙署別提, 내섬시판관內贍寺判官을 거쳐 진주판관晉州判官으로 부임했다. 당시는 연산조 후반이라 정치는 실종되고 가렴주구가 횡행하였지만 그는 민폐民弊 개선과 치도 확립에 혼신의 노력을 다했다. 이후 그는 평시서령平市署令을 거쳐 1510년 삼포왜란三浦倭亂 당시 왜구를 격퇴한 공으로 경산현령慶山縣令, 양산군수梁山郡守 등의 관직에 임명되었다. 부친 박형이 여진女眞을 토벌하여 국방을 튼튼히 하였다면 그는 왜구를 격퇴함으로써 조선의 무위武威를 크게 떨쳤으니, 세조가 지어 준 '계조'라는 이름에 한 점 부끄럼이 없는 삶을 살았다.

양산군수를 지낸 뒤에도 조정에서는 여러 관직을 제수하며 불러올리려 하였으나 '그침의 도道'가 무엇인지를 잘 알았던 그는 일체의 관직을 마다하고 노부모 봉양과 자녀 교육에 힘쓰다 1525년 향년 61세로 생을 마감하였다.

박계조는 부친 이래 세조의 친위세력으로 활동하며 복록을 누렸다는 점에서 훈구파적 성격이 강했던 것이 사실이다. 더구나 그는 무관 출신이었으므로 사림파와는 대척적인 관계에 있었던 것으로 예단할 수도 있다. 그러나 실상은 그렇지 않았다. 그는 강인함과 결단력을 지닌 무인이었지만 인의仁義를 숭상하고 덕을 갖춘 지도자였다. 여러 고을을 역임하는 과정에서 민생을 살피며 선정을 베푼 것은 인의仁義의 구체적 실천이었고, 비록 무인이었지만 당대 유수의 문신들과 교유한 것은 겸양과 재덕才德의 소산이었다. 한훤당寒暄堂 김굉필金宏弼의 문인으로 한 시대를 풍미했던 사림계의 명사 금헌琴軒 이장곤李長坤이 그의 묘갈명을 찬술하고, 이언적李彦迪·이황李滉·박운朴雲 등 당대의 석학들과 학문적 교유를 통해 사림파에서 명성이 높았던 송희규宋希奎와 사돈관계를 맺은 것도 이런 맥락에서 이해할 필요가 있다.

박계조는 초취 광주노씨와의 사이에서는 자녀를 두지 못했고, 전주류씨 류승명柳承溟의 딸을 재취로 맞아 4남 1녀를 두었다. 박승로⇨박형⇨박계조로 이어지는 3대가 독자였다는 점에서 박계조가 아들 넷을 얻은 것은 특별한 의미가 있었고, 이로써 도진박씨는 문호의 팽창을 예견할 수 있었다.

죽연가의 역사적 전개를 이해하기 위해서는 재취 전주류씨에 대해 잠시 살펴볼 필요가 있을 것 같다. 류씨 부인은 고려 말 보문각 제학을 지낸 류극서柳克恕의 종손으로 조부는 좌익원종공신 2등에 녹훈되고 청하현감淸河縣監을 지낸 류효지柳孝池, 부친은 보공장군 류승명이었다. 조부 류효지의 훈공을 고려할 때, 이 혼인은 공신 그룹의 정치·사회적 연대의 의미를 내포하고 있었다.

16세기에 부인들의 묘문 및 전기류가 별도로 찬술되는 예는 그리 흔치 않다. 이런 경향에 비추어 볼 때 남명南冥·퇴계문하退溪門下에서 수학했던 16세기 영남학계의 명사 낙천 배신裵紳(1520–

1573)이 묘도문을 지었다는 것은 그녀의 일생이 무척이나 비범했음을 웅변하고도 남음이 있다. 배신은 류씨 부인의 행덕行德, 치가治家 및 교자敎子의 법도를 이렇게 기술하고 있다.

> 부인은 성품이 엄정하고 장중한데다 타고난 자질이 매우 아름다웠다. … 부인은 선조의 제사를 모실 때는 극진한 효성과 교양으로 받들었으며, 지극한 외로움 속에서도 바른 도를 행하였다. 제사가 있으면 반드시 목욕 재계하고 공경함을 다했다. 남들과 교제할 때는 언동言動이 너그러웠으며, 사납거나 편벽된 모습이 전혀 없었다. 부인이 행하는 가법은 엄숙했고, 여러 자녀들이 효우를 독실하게 체득하여 바른 길로 나아갈 수 있도록 인도했다.
>
> 裵紳,「淑人柳氏墓文」

박계조가 관직생활에 여념이 없을 동안 가사家事 및 자녀 교육은 고스란히 부인의 몫이 되었지만 그녀는 조금도 푸념하지 않고 가정경영에 충실했다. 1525년 박계조가 사망한 이후 43년 동안 홀몸으로 지내며 4남 1녀를 성취시킨 것은 한국여성사에 빛나는 위업이 아닐 수 없다. 부인은 1487년에 태어나 1568년 생을 마감하기까지 82년을 사는 동안 자녀의 영달과 문호의 번창을 몸소 목격하였으니, 그 또한 청복淸福이 아닐 수 없다. 배신이 흔쾌한 마음으로 묘문 찬술을 수락했던 것은 류씨 부인을 도진박씨 번성의 밀알과 같은 존재로 인식하고, 또 인정했기 때문일 것이다.

2 죽연竹淵 박윤朴潤과 그 형제들
: 도진사룡桃津四龍의 훈지상화壎篪相和

이장곤은 박계조 묘갈명의 말미에서 그 자녀들에 대해 이렇게 기술했다.

> 초취 노선경의 따님은 자녀를 두지 못하고 돌아가셨고, 후취 보공장군 류승명의 따님은 4남 1녀를 낳았는데, 윤潤·일溢·택澤·흡洽이다. 택이 제일 우수하고 특별하니 성장하여 가문을 빛낼 이는 반드시 이 아이일 것이다. 막내딸은 아직 시집을 가지 않았다.
>
> 李長坤, 「通訓大夫行梁山郡守朴公墓碣銘」

이장곤은 박계조의 네 아들 가운데 3자 박택朴澤을 가장 눈여겨본 것 같다. 물론 학자적 면모, 사림에서의 지명도에 있어 박택

박계조 자녀도

박계조朴繼祖 → ①윤潤: 죽연竹淵(학행·효자)
→ ②일溢: 무과武科(판관)
→ ③택澤: 낙락당樂樂堂(학행)
→ ④흡洽: 충순위忠順衛
→ ⑤녀女 송현宋鉉: 야성인冶城人(문과·정자)

의 존재가 가장 두드러진 것은 부인할 수 없지만 이들 형제는 학문學問·효행孝行·경세經世 등 저마다 자신의 역할에 충실하며 가성家聲을 크게 떨쳤다. 이 점에서 이들 형제를 '도진사룡桃津四龍'으로 일컬어도 무리는 없을 듯하다. 다만, 출계 및 입양 관계를 고려할 때 종가를 비롯한 도진의 박씨들은 혈통상 박택의 자손이라는 점에서 그는 개인을 넘어 도진박씨 종족사에 있어서도 특별한 지위를 부여해야 하는 인물임에 분명하다.

박윤朴潤(1517-1572)은 자가 덕부德夫, 호가 죽연竹淵이다. 1517년생인 그는 박계조가 53세 때 얻은 만득자였다. 따라서 그의 출생은 덕문德門의 여경餘慶과 다름없었고, 부모의 살가운 보살핌 속에 성장하였음은 두말할 나위가 없을 것 같다. 그러나 그가 아버지 박계조와 공유했던 역사적 시간은 9년에 지나지 않았고, 어린 나이에 풍수지탄風樹之嘆을 겪는 아픔이 있었다. 그 아픔은 어머니에 대한 지극한 효성으로 승화되어 온 세상이 인정하는 출천出天의 효자로 기림을 받을 수 있었던 것이다. 어머니 류씨 부인에 대한 효성은 본성에 바탕했고, 주야로 시병하면서도 조금도 나태하거나 싫은 기색이 없었다. 갖은 정성에도 어머니마저 유명을 달리하심에 그는 통한을 머금고 예禮와 성誠을 다해 집상執喪했다. 3년 시묘살이에 한 번도 여막을 벗어나지 않았고, 심지어 부인 하씨가 임종 때 마지막으로 한번 뵙기를 청했을 때도 이를 받아들이지 않았다. 어떻게 보면 참으로 매정한 지아비일지 모르지만 그는 자기 시대의 윤리규범 및 가치 실현에 최선을 다했을 따름이다. 박윤의 이러한 효성은 시대적 울림과 감동을 주었고, 국가 또한 그 고결한 행위를 간과하지 않았다. 1577년, 그가 사망한 지 6년째 되던 해에 고령 사림들은 박윤 효자정려운동의 불씨를 지폈다. 그가 섬긴 것은 어머니 류씨였지만, 그가 부식扶植한 것은 삼강三綱이었다. 그의 행동은 유교사회의 값진 자산이 되어 사회적 가치로 환산되고 있었던 것이다. 경상감사는 사림의 진정 어린 호소를 외면하지 않았고, 조정 또한 감사의 보고를 귀담아들었다. 그리하여 즉시 요역徭役을 감면하는 복호復户의 특전이 주어졌지만 국가가 공식적으로 인정하는 '효자孝子'가 되기까지는 약간의 세월이 더 소요되었다. 이로부터 약 40년이 경과한 1614년 사림들은 '죽연효자청원운동竹淵孝子請願運動'을 재점화했고, 조정에서는 그 건의를 흔쾌하게 수용했다. 이제 그는 국가적 기림을 받는 효자로서 유교사회의 표상이 되었고, 그 질실했던 효행의 자취는 1617년에 간행된 『동국신속삼강행실도東國新續三綱行實圖』에

죽연 박윤 묘소

실려 전해지게 된다.

박윤은 사대부가에서 태어나 양질의 교육을 받고 자란 학자였고, 고아한 성정性情을 운율에 담아 노래할 수 있는 문사였다. 더욱이 그는 대대로 물려받은 가산이 넉넉하였기에 젊은 나이에 '죽연정竹淵亭'이란 격조 높은 학술문화 공간을 경영할 수 있었다. 이처럼 그의 삶에는 여유와 운치가 있었으니, 홍복弘福을 타고났다고 해도 과언이 아니었다.

죽연정은 16세기 중반 영남의 대표적 문화공간이었다. 여러 아우 및 동향의 진사 윤규尹奎 등과 어우러져 창수화답唱酬和答

죽연박선생효행정려유허비

하고 강학할 때면 정자에는 문향文香이 가득했고, 그 문향은 온 마을을 에워싸며 학향만동學香滿洞의 인문정경人文情景을 연출했다. 명정名亭은 거기에 걸맞은 명사들의 등람登覽 욕구를 부추기는 법이다. 16세기 사상계의 거장 남명南冥 조식曺植을 비롯하여 황강黃江 이희안李希顔, 낙천洛川 배신裵紳 등이 바로 이곳을 찾아 학문을 토론하며 교계交契의 정을 다졌던 명사들이다. 특히 조식은 명리名利에 초연하여 학문에 힘쓰고, 한없이 자신을 낮추면서도 비굴하지 않으며, 귀천을 가리지 않고 너그러움으로 대했던 박윤의 선비적 자세에 매료되어 자주 죽연정을 찾았다. 명사의 방문에는 반드시 시詩가 뒤따르는 법이다. 조식이 죽연정에서 그 회포를 노래한 시는 줄잡아 5–6편에 이르는데, 그중에서도 아래 작품은 박윤의 풍류風流와 덕德, 도진의 밝은 미래를 자못 경축하는 듯하다.

죽연정에서

왕사의 풍류로 영남에서 손꼽혔는데,	王謝風流數嶺南
그대의 여러 자질들은 그대보다 준수하다네.	多君諸子出於藍
하필 그윽한 대를 사랑하여 정자의 이름으로 삼았으니,	獨憐幽竹亭爲號
그 덕은 원래부터 변함이 없더라.	其德元來不二三

曺植, 『南冥集』 卷1, 「題竹淵亭」

조식은 도진의 미래를 이끌 박윤의 아들과 조카들에 대한 기대감을 아끼지 않고 있다. 박윤에게는 정규廷珪·정벽廷璧 두 아들과 둘째 아우 박택朴澤의 아들 정완廷琬·정번廷璠 두 조카가 있었다. 안타깝게도 장자 정규는 딸만 하나 둔 채 단명했고, 나머지 세 사람은 도진마을의 차세대 주인공으로 성장함으로써 조식의 기대를 저버리지 않았다.

특히 조식은 도진의 가도家道로 자리 잡은 효성과 우애에 대한 칭송도 아끼지 않는다. 여기서의 형과 아우란 정벽·정완·정번이 아니었을까 싶다.

죽연정에서

초당에 높이 스치는 건 푸른 대나무,	草堂高拂碧篔簹
강 위 제비 어지러이 날고 비는 평상을 때린다.	江燕差池雨打床
넘실거리는 강가에서 우애 넘치는 형과 아우가,	秩秩斯干兄及弟
아침저녁으로 하는 일은 부모님 잘 모시는 일.	晨昏家事在溫良

曹植, 『南冥集』 卷1, 「題竹淵亭」

박윤은 많은 글을 남긴 사람이 아니다. 약간의 글이 『죽연선생유고竹淵先生遺稿』에 남겨져 있을 뿐이다. '고기 한 점만 맛보아도 온 솥 안의 고기 맛을 알 수 있다.[一臠足以識全鼎之味]'라는 말이 대변하듯 글의 본질은 분량의 많고 적음에 있는 것이 아니라 그것이 함축하고 있는 내용과 시대적 메시지에 있다. 위 유고에는 박윤 친필의 작품 두 편이 수록되어 있다. 하나는 「예경부禮耕賦」이고 하나는 「옥황명玉璜銘」이다. 이 두 작품이 온축하고 있는 정신은 '예禮'와 '학學'이다. 전자에는 농부가 농사에 힘쓰는 자세로 선비는 예를 일상의 업業으로 삼아야 한다는 뜻을 담고 있고, 후자는 군주 허리띠의 옥황玉璜처럼 학문을 높이 받들어야 한다는 의미이다. 조선은 문으로 빛고 예로 다듬은 나라로 정의할 수 있는데, 박윤의 두 작품에는 그 정신이 그대로 녹아 있다. 이 글을 보노라면 박윤은 예와 덕을 겸비한 인격자였고, 거기에 학문을 더함으로써 문치국가의 이상을 실현하기 위해 자강불식自彊不息했던 인물로 착상된다. 도진박씨들이 이 두 편의 글의 뜻을 종훈宗訓으로 삼은 것에는 이렇듯 깊은 까닭이 있었던 것이다.

이처럼 우리가 박윤을 기억하고, 또 기리는 이유는 그의 삶이 내포하고 있는 격조와 진정성 그리고 실천성에 있다. 아래는 손자 박원갑朴元甲(1564–1618)이 찬술한 「죽연선생가전竹淵先生家傳」의 한 대목이다. 이 글은 박윤이 사망한 지 9년째 되던 1581년에 지은 것이고, 박원갑은 9세까지 조부 슬하에서 생장했으므로 그의 기억과 기록은 실사實事에 바탕한 실어實語가 된다.

> 평생 명리를 생각하지 않았고, 경박함과 화려함도 좋아하지 않고 자기 수양의 학문에만 힘썼다. 스스로를 돌이켜 생각하는 데 철저했고, 배움과 그것의 실천에 노력했던 군자였다. 향당에 나아가서는 신의信義의 주인으로 추앙되었고, 원근의 사람들이 복종하고 공경했던 것은 어진 덕이 있었기 때문이었다.
>
> 朴元甲, 「竹淵先生家狀」

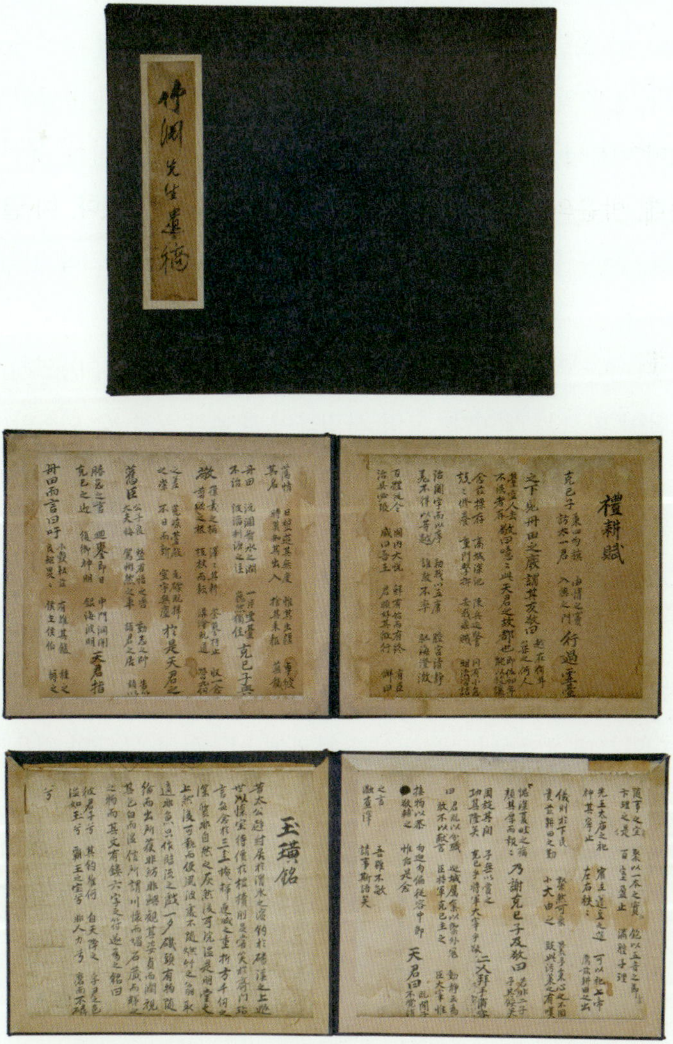

친필본 『죽연선생유고』 가운데 「예경부」 및 「옥황명」(고령박씨 소윤공파 제공)

그 고아高雅했던 현덕賢德으로도 그는 천수를 다 누리지는 못했다. 1572년 12월 7일 정침에서 고종하였을 때, 그의 나이 56세였다. 임종의 순간까지도 박윤은 겸양의 자세를 잃지 않았고 세상에 이름난 사람의 손을 빌어 묘도문자를 짓지 말라는 유언을 남겼다. 그는 헛된 명성을 철저히 배격하였으니, 이것이 실행實行이다. 손자 원갑이 조부의 가전을 짓게 된 배경도 여기에 있었던 것이다.

그러나 현덕과 실행은 불후不朽의 정신적 가치이고, 반드시 그 보답이 따르는 법이다. 고령 사림들이 효행의 포증을 호소한 것이 첫 번째 보답이고, 1696년 문연서원에 위패가 봉안되어 혈식군자血食君子의 반열에 오른 것이 두 번째 보답이며, 자손이 번창하여 세가의 전통을 이어 나간 것이 세 번째 보답일 것이다.

한편 박일朴溢은 박윤의 두 살 아래 동생이다. 그는 박계조의 여러 아들 중에서도 종래의 상무적尙武的 가풍을 가장 잘 이은 인물이었는데, 1546년(명종 1) 식년 무과에 합격하여 무관의 길을 걸은 것도 이런 맥락에서 이해할 수 있다. '무과방목'에 따르면, 박일은 과거에 합격하기 전에 종7품 계공랑의 품계를 지니고 있었고, 거주지 또한 서울[京]이었다. 그렇다면 16세기 중반까지 도진 박씨들은 경제京第를 보유하고 있었음을 의미한다. 그 경제는 사환의 기반이자 도회문화 수용의 매개가 된다는 점에서 중요한 의미가 있다. 예컨대, 풍산류씨 류성룡柳成龍 집안의 경우도 고조부 때부터 서울에 집을 보유하고 있었고, 류성룡의 방목상의 거주지도 서울이었다.

박일은 벼슬이 종성판관鍾城判官에 이르렀으나 1556년 무과에 급제한 지 10년 만에 38세로 사망함으로써 관료로서 큰 뜻을 펼치지는 못했다. 하지만 그의 생애에서 눈여겨볼 것은 처가의 존재이다. 그는 여흥민씨 민종건閔宗騫의 딸과 혼인했는데, 민종건은 문과 출신으로 홍문관 직제학을 지낸 남포南褒의 사위였다. 남포는 기묘사화己卯士禍의 양성자로 지목되어 사림의 공분을 산 남곤南衮의 형이었다. 즉, 박일의 처외가는 당대 최고의 권력가였던 셈인데, 다행스럽게도 박일의 처외조부 남포는 청빈淸貧·절조節操를 신념으로 삼아 권력에 물들지 않았고, 명종 또한 그의 개결한 삶을 크게 칭송했다고 한다. 권력에 가까웠지만 오히려 그것을 멀리할 줄 알았던 남포의 반듯했던 사대부 정신은 혼맥을 통해 도진에 유입될 수 있는 기회를 맞았으나 박일은 민씨 부인과의 사이에서 자녀를 두지 못했다. 그의 후사를 이은 것은 아우 박택의 차자 박정번朴廷璠이었다. 이 계통은 박일朴溢·박정번朴廷璠·박창선朴昌先·박응형朴應衡으로 가통을 이어 가며 17세기 이후 도진의 문한文翰을 이끌게 된다.

이장곤이 「박계조묘갈명朴繼祖墓碣銘」에서 가장 준수한 아들로 거론했던 3자 박택은 어떤 인물일까? 박택의 자는 공부恭夫, 호는 낙락당樂樂堂으로 1521년에 출생했다. 이장곤이 「박계조묘갈명」을 지은 것이 1526년인데, 당시 박택의 나이는 6세에 지나지 않았다. 이장곤은 6세 아동에게서 대성大成의 조짐을 보았으니,

그 비범한 안목이 놀라울 따름이다.

이장곤의 표현대로 박택은 어려서부터 총명한데다 기개가 남달랐고, 호학의 천품에 글씨까지 잘 써서 주변의 기대를 한몸에 받았다. 그 또한 젊은 시절에는 과거를 통해 출사하여 세상을 경영하고픈 포부가 있어 과업에 열중한 적도 있었으나 끝내 그 뜻을 이루지는 못했다. 출사의 좌절은 강산江山과 경물景物에 대한 기호를 자극했다. 자신의 거처를 낙락당樂樂堂으로 명명한 것은 그런 의지의 구체적 표명이었다.

그러나 독실했던 효우孝友, 비범했던 재능조차도 하늘의 도움 없이는 이루기가 어렵다. 그 또한 둘째 형 박일과 마찬가지로 46세의 나이로 사망함으로써 학자적 포부를 제대로 펼치지 못했다. 1560년 10월 20일 임종 직전 그는 이런 말을 남겼다.

> 학문의 길은 아직 보지 못했지만 과거를 위해 글을 파는 행위는 하지 않았다. 사람은 만족할 줄 알면 즐겁고 편안한 법이다. 형제는 다 있는데 나이 마흔여섯에 어머니보다 먼저 세상을 버리니 지하에서 눈을 감을 수 있겠는가? 아! 슬프다.
>
> 裵紳, 「樂樂堂墓碣銘」

그의 죽음을 처절한 심정으로 곁에서 지켜본 것은 백형伯兄 박윤이었다. 그는 아우의 상을 치르기가 무섭게 배신을 찾아가 묘갈명을 부탁했다.

낙락당

「낙락당기」

나 배신은 망인과 죽마고우이자 같은 스승 밑에서 학업을 닦은 인연이 있다. 형 박군 덕부가 소매를 적시며 와서 말하길, "그대는 나의 아우를 잘 아니 그 행적을 빠짐없이 잘 기록하여 비석에 새겨야 하지 않겠는가?"라고 했다. 덕부는 내가 공경하는 분이고, 공부는 내가 존경하는 벗이다. 내가 어찌 사양할 수 있겠는가.

裵紳, 「樂樂堂墓碣銘」

그랬다. 박윤이 아우의 묘갈명 찬술을 서두른 것은 그 준수했던 삶의 궤적을 빗돌에 새겨 길이 남기고자 했던 애착 때문이었다. 아우가 형을 곡하지 않고, 형이 아우를 위해 통곡해야 하는 쓰라린 현실이 그를 더욱 애통하게 했는지도 모른다. 박택은 그렇게 갔지만 그에게는 정완·정번 두 용호龍虎 같은 아들이 있었고, 이들 형제는 아버지가 못다 이룬 꿈과 뜻을 펼치며 16–17세기 영남의 지식인 사회를 이끌게 된다.

박계조의 유일한 외파인 야성송씨冶城宋氏 또한 '도진 패밀리'에 있어 매우 주목할 만한 대상이다. 박계조의 사위 송현宋鉉이 장자 박윤과 1517년생 동갑임을 고려할 때 송현의 처는 서차상 맏딸이었을 것이다. 무관으로 양산군수를 지낸 박계조가 을사명현乙巳名賢으로 일컬어지는 송희규宋希奎와 사돈을 맺었다는 사실은 당시 도진박씨들의 사회적 위상과 관련하여 시사하는 바가 매우 크다. 성주 출신으로서 중종–명종조의 명신으로 일컬어졌던 송희규는 1519년 문과에 합격한 관료이자 영남학의 기초를 세운 이언적李彦迪과도 교유가 깊은 학자였다. 또한 그는 선산

야로송씨 송현 가계도: 박계조 장서가長壻家

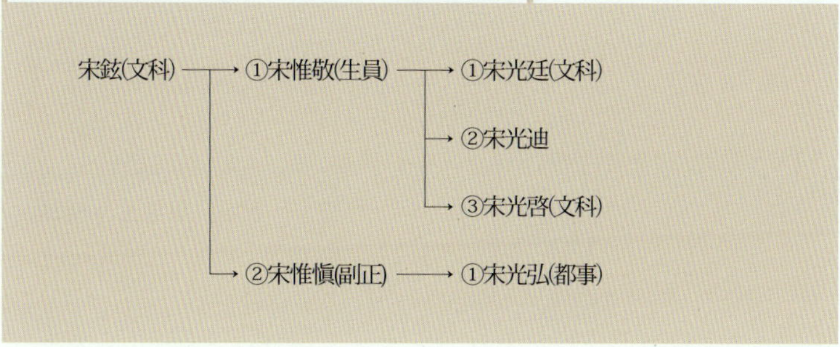

들성[坪城]에 세거했던 선산김씨 김광좌金匡佐의 사위로서 송당松堂 박영朴英의 문인이었던 처남 김취성金就成·취문就文 형제 및 박운朴雲 등과 깊이 교유하는 등 사림에서의 신인도가 매우 높았다.

1534년(중종 29) 선정관善政官으로 선발되었을 때는 양리良吏의 표본이 되었고, 1545년 문과 중시에 합격했을 때는 학식과 문장으로 세상을 놀라게 했으며, 1547년 당대의 권신 윤원형尹元衡을 탄핵하다 유배되었을 때는 직언지사直言之士라는 명예로운 이름까지 얻었다. 이처럼 송희규는 학식과 문장, 경륜과 식견, 청렴과 직도直道 등 관료의 덕목을 모두 갖춘 인물이었다.

송현은 송희규의 장자로 1546년 식년 사마시에서 생원·진사 양시에 입격한 수재였고, 1556년에는 별시 문과에도 합격하여 아버지를 이어 당당하게 '문신'의 반열에 오른 인물이었다. 송현의 문과 합격은 내외자손을 통틀어 도진 입향 이후 최초의 과경科慶이었다는 점에서 경축할 만한 성사盛事였다. 그러니 호사다마라

「박윤남매깃급문기」(1556년 이전)

했던가? 등과의 기쁨은 금세 통곡의 바다로 뒤바뀌고 만다. 등과한 지 열 달 뒤인 동년 12월 그는 40세의 나이로 사망하고 말았기 때문이다. 사망 당시의 직함은 정식 발령도 나기 전의 직임인 권지權知 승문원부정자承文院副正字였다. 송현은 비록 그렇게 세상을 떠났지만 그 자손들은 다수의 생원·진사 및 문과 합격자를 배출하며 학자·관료 가문으로 도약하게 된다.

특히 송광정·광계 형제는 한강학파의 핵심 구성원으로서 성주 지역에서 강력한 재지적 기반을 구축할 수 있었고, 그런 바탕 위에서 한말에는 송준필宋浚弼(1869~1943)과 같은 대유가 배출되기도 했다. 이들은 본질적으로 성주에 세거했던 야성송씨 야계가문倻溪家門이라는 부계친적 종문의식宗門意識을 갖고 활동하였지만 보다 큰 틀에서는 도진박씨의 핵심 외파로 규정할 수 있는 존재들이다.

도진박씨와 야성송씨 야계가문倻溪家門, 즉 송현 집안과의 연고성은 사회·경제적 기반의 제공이라는 측면에서도 확인할 수 있다. 1550년대(1556년 이전으로 추정)에 작성한 「박윤남매깃급문기朴潤娚妹衿給文記」에 따르면, 박계조의 처 전주류씨는 재주 자격으로 자신의 자녀 4남 1녀 및 얼자 박심朴深 등 총 5자녀에게 토지·노비 및 제택第宅을 분급하였는데, 송현의 처 또한 맏딸 자격으로 남동생들과 균등하게 수십 구의 노비와 수백 두락의 전답을 상속받았다.

균분상속은 당시의 사회적 관행이었지만 송현은 부유한 집안에 장가들어 재산 또한 다른 사람들보다 풍족하게 상속받을 수 있었고, 이것이 그의 아들·손자들의 사회적 성장에 밑거름이 되었음은 재론의 여지가 없다.

종가의 역사
: 종손의 계보와 그 도도한 삶의 자취

3 박정벽朴廷璧
: 순효純孝로 빚고 청수淸秀함으로 다듬은 선비

박윤은 부인 진양하씨와의 사이에서 2남 1녀를 두었다. 장자 박정규는 딸 하나만 낳고 아들을 두지 못하고 사망했다. 그는 일문의 종자宗子였으므로 종족적 지위 또한 상당했다고 할 수 있다. 조선 후기의 관점에서 볼 때, 아우 또는 종제의 아들을 취하여 종손의 계통을 이어 가는 것이 관행일 수 있다. 그러나 그가 살던 시기는 아직 종법이 사회 전반에 확립되기 전이었기 때문에 '입양入養'에 대한 의무감 또한 크지 않았다. 이런 맥락에서 죽연 종가 또한 양자를 들이지 않고 차자 박정벽(1540~1580)을 종자·종손으로 삼아 가통을 계승케 했다. 이른바 형망제급兄亡弟及의 양상을 보이는 이 모든 조처는 박윤 생전에 이루어졌던 것으로 판

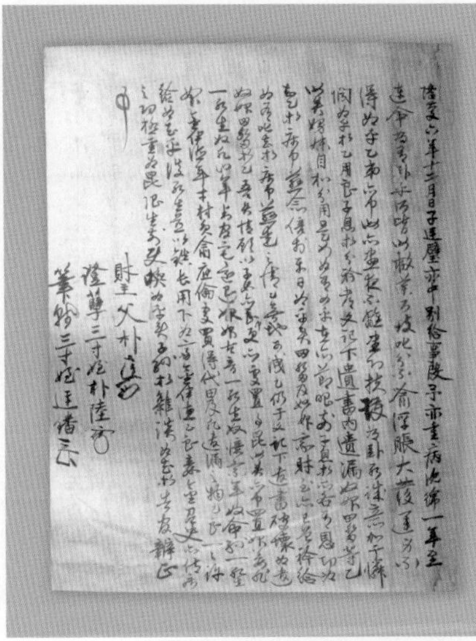

「1572년 박윤별급문기」(고령박씨 소윤공파 제공)

단되는데, 이런 추론의 준거가 되는 것은 박정벽의 아들 박원갑의 생년이다. 박원갑은 1564년생으로 박윤 사망 당시 9세였다. 즉, 박윤은 차자 정벽의 자질과 행의뿐만 아니라 손자 원갑의 존재에 주목하여 가통을 규획規劃했던 것이다. 박정규는 비록 도진박씨의 종통을 잇지는 못했지만 그 외파들은 크게 번성했고, 조선후기 사림사회에서 두각을 드러낸 인물도 많았다. 이에 대해서는 후술하기로 한다.

박정벽(1540–1580)의 자는 군명君明으로 박윤의 차자로 태어났으나 형을 대신하여 도진박씨의 종통을 이은 인물이다. 그는 통덕랑의 품계를 지니고 있었을 뿐 사회적 활동의 폭은 넓지 않았던

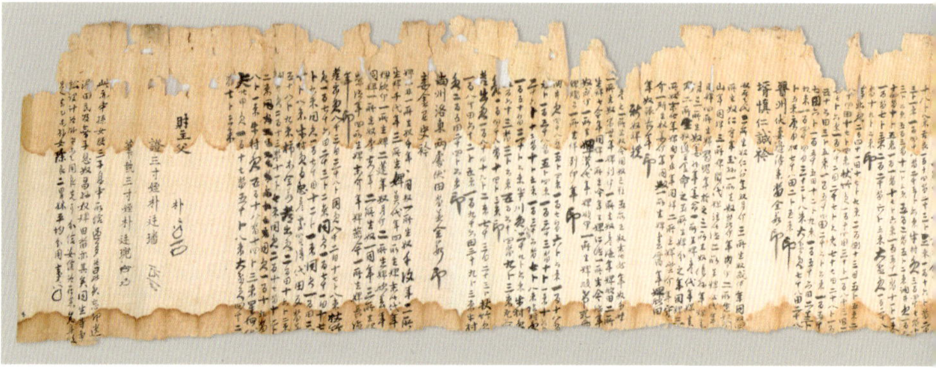

것으로 짐작된다. 다만 삼가 지역의 석학 입재立齋 노흠盧欽의 사위였다는 점에서 사회적 기반은 매우 탄탄했음을 알 수 있다.

무엇보다 그는 효성이 지극하여 아버지 박윤의 믿음이 컸는데, 1572년 박윤이 임종 직전에 작성한 별급문기에는 그런 면모가 자세하게 드러나 있다. 이 분재기의 작성 시기는 1572년 12월인데, 박윤은 이해 12월 7일에 사망했다. 그렇다면 이 분재기는 1572년 12월 1일에서 6일 사이에 작성된 것으로 볼 수 있다.

박윤은 1572년에 접어들면서 병세가 극도로 악화되었던 것 같다. 이에 박정벽은 밤을 지새우며 아버지를 간호했고, 온 마음을 다해 치병에 노력함으로써 아버지를 크게 감동시켰다. 이에 그는 노비 3구 및 유응윤兪應倫에게 매득한 밭을 특별히 분재하여 효성을 격려하고, 또 위로했던 것이다. 그는 생의 마지막 순간 병마와 싸우면서도 재주 항목에 친필로 서명하여 분재의 깊은 의미를 살렸다. 박정번이 쓴 분재기의

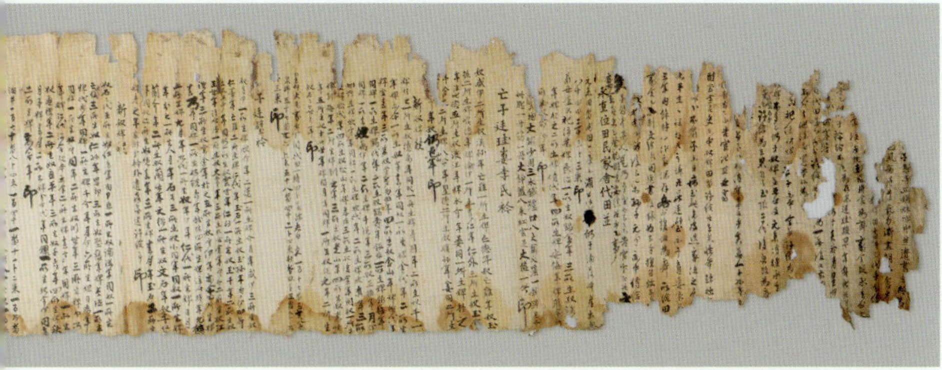

「박윤깃급문기」(고령박씨 소윤공파 제공)

필세가 고르지 못한 것은 백부의 임종을 앞둔 절박감 때문이었을 것이다.

이보다 앞서 박윤은 장자 박정규의 처 이씨李氏, 차자 박정벽朴廷璧, 사위 신인성愼仁誠 및 첩 이조이[李召史]를 대상으로 분재한 바 있다. 이때 박정벽에게 주어진 것은 노비 49구, 논 281복 21속, 밭 263복 3속, 진주에 있는 처변(진양하씨) 전답 전부 및 다른 자녀들에게 나누어 주고 남은 가재家財 전부였다. 이 또한 결코 작은 자산이 아니었지만 박정벽이 효행을 통해 추가 자산을 획득함으로써 죽연종가의 재산은 더욱 유여해질 수 있었던 것이다.

이처럼 죽연가의 효행은 선언과 표방에 그친 것이 아니라 치열한 실천의 과정에서 가풍으로 확립되어 갔는데, 위 분재기는 그것의 살아 생동하는 증좌가 된다.

종가의 역사
: 종손의 계보와 그 도도한 삶의 자취

4 도원桃源 박원갑朴元甲
: 충효겸전忠孝兼全의 선량학인善良學人

박정벽은 부인 광주노씨와의 사이에서 외아들 박원갑(1564-1618)을 두었다. 박원갑의 자는 인백仁伯, 호는 도원桃源이다. 그는 어려서 조부 죽연공에게 수학하여 학식과 문장이 특출했다. 1580년 아버지 박정벽이 사망하자 17세의 나이로 종손의 자리에 올라 치상治喪 및 제 종사宗事를 처리함에 조금도 소홀함이 없어 종문 및 원근에서 큰 재목으로 기대했다고 한다. 특히 그는 '충효忠孝'를 평생의 준칙으로 삼았고, 학업에 있어서도 문장보다는 위기지학爲己之學에 뜻을 두고 정진했다. 그의 학문적 지표는 궁행躬行·실천實踐에 있었고, 구이지학口耳之學은 철저히 배격했다. '신기독愼其獨', '무자기毋自欺' 등의 격어를 창벽窓壁에 써 두고 자경의 바탕으로 삼은 것에서도 그의 선비적 삶의 자세를 엿볼 수 있다.

또한 그는 제종諸從 및 치재癡齋 허명신許命申 등과 학문을 강마하는 가운데 한강 정구 문하에서 심경·근사록을 수학하여 학문이 매우 정심해졌다. 박원갑의 한강문하 수학은 숙부 박정번朴廷璠을 통해 유입된 한강학寒岡學이 도진가학桃津家學으로 확대·정착하는 과정으로 해석할 수 있다.

> 늘 제종諸從 및 치재癡齋 허명신許命申과 함께 학업을 강마했고, 한강 정선생을 사사하여 심경心經·근사록近思錄 등의 서책을 수학하여 조예가 날로 정심해졌다.
>
> 박원갑, 『도원문집』 부록 「박원갑가장(朴仁燦撰)」

여기서의 제종은 종숙 정완의 아들 광선, 정번의 아들 창선이며, 김해허씨 출신의 허명신許命申(1569~1637)은 고령 일대에서 학행이 높았던 일사逸士였다.

한편 박원갑은 충효의식 또한 투철하여 임진왜란 당시에는 망우당忘憂堂 곽재우郭再祐, 송암松菴 김면金沔 등과 함께 큰 공을 세웠다. 하지만 그는 사수辭受의 도리에 충실하여 자신의 공을 드러내지 않았고, 서훈 또한 사양했던 참된 선비였다. 난후 조정에서 그 공로를 인정하여 예빈시주부禮賓寺主簿에 임명하였지만 부임 이후 즉시 사직함으로써 선비의 바른 절조를 온전하게 지켰다.

그는 세상에 나아가 영달을 꾀하는 대신 세가의 주손胄孫답게 향촌에 은거하며 선대의 문헌을 정비하고, 향리 도진의 문화적 위상을 제고하는 데 혼신의 열정을 다하게 된다. 조부 죽연의 가장家狀 및 묘지墓誌를 찬술하여 고아했던 선대의 이력을 현창하고, '강정십경江亭十景'을 지어 미美와 격格을 겸비한 도진의 인문정경人文情景을 노래한 것이 바로 그것이다. 강정십경은 ①'부려효종扶藜曉鐘', ②'창주모범滄洲暮帆', ③'석문잔첩石門殘堞', ④'개산위잔開山危棧', ⑤'방교목적芳郊牧篴', ⑥'빈저어가蘋渚漁家', ⑦'풍암송뢰風巖松籟', ⑧'월포연향月浦蓮香', ⑨'평사안영平沙雁影', ⑩'원수나환遠岫螺鬟'으로 구성되어 있는데, 도진의 강거문화와 목가적 정서가 잘 어우러져 있다.

박인찬은 '가장'에서 박원갑을 한강문인이라 하였지만 박원갑은 정인홍과도 친교가 깊었던 것 같다. 이런 분위기는 재종제 박광선·효선, 재종질 박종주·종윤이 내암문하를 출입한 것에서도 간파할 수 있다. 이 가운데 박종윤은 자신을 계후하여 죽연가의 종통을 이은 인물이기도 하다.

조식 및 정인홍에 대한 친연성은 재경 당시 조식의 자취가 서린 '삼각산三角山', '무계武溪' 등을 노래한 시나 '우곡재尤谷齋'를 노래한 정인홍의 시를 차운한 것에서 확인할 수 있다. 무계는 후일 조식을 제향하는 백운서원白雲書院이 건립된 서울 지역 남명학의 거점 공간이었다. 특히 정인홍의 서재인 '내암來庵'을 노래한 시에는 정인홍을 중류中流의 지주砥柱처럼 공경하는 정서가 토로되어 있다.

박원갑이 서울에 체류했던 것은 예빈시주부에 임명되었기 때문이었다. 그 시기는 1602년 무렵이었는데, 사환에 뜻이 없었던 그는 얼마 동안 재직하다 사직소를 올리고 낙향하였다. 이때의 소회를 드러낸 시에는 사대부로서 사환의 책임을 다하지 않는 것이 임금과 백성을 저버리는 행위임을 자각하면서도 고향으로 돌아갈 수밖에 없는 효사孝思의 심정이 곡진하게 드러나 있었다.

환향 이후 그는 죽연정을 비롯하여 학암정鶴巖亭·부래정浮來亭·어목정漁牧亭·탁이암卓異巖 등 일문의 강정 및 누대를 소요하며 자적한 만년을 보냈다. 이런 가운데 1607년 고령현감을 지냈던 신수기申守淇가 사망하자 고을을 대표하여 제문을 지어 선정을 베푼 것에 대한 감사의 마음과 동주同舟하며 정의를 다졌던 인연을 진솔하게 표현했다. 이 제문은 당시 그가 고령 사족의 구심점이었음을 대변한다고 보아도 무방할 것 같다.

한편 박원갑은 1611년 학문學問·문사門事 등 여러 측면에서 믿고 의지했던 6세 연상의 종숙 박정번을 곡했고, 이로부터 2년 뒤인 1613년에는 박정완을 애도하는 아픔이 있었다. 특히 한강문인이었던 박정번의 만시에서는 '학문學問'·'풍골風骨'·'효제孝悌'·'향선向善'·'존현尊賢' 등 선비로서의 행덕을 두루 갖춘 한 석인에 대한 깊은 애도의 마음이 절절하게 드러나 있었다.

박정번·정완이 연이어 상서喪逝함으로써 도진의 가업은 오롯이 그의 몫으로 남았고, 이후 1618년 사망하기까지 일가의 존장으로서 그 역할을 충실하게 수행하게 된다. 한강문하의 동문이자 재종질 박종주의 처부이기도 했던 이언영李彦英은 박원갑의 삶을 이렇게 기억하고, 또 애도했다.

박원갑 인백을 애도하는 만시

봄에 갈고 가을에 거두니 무어 근심하랴, 春耕秋穫又何憂
병으로 물러나 한가하니 일마다 편하였네. 謝病閒居事事休
도성의 먼지 속을 달리던 말 세워 두고, 紫陌塵埃停走馬
맑은 강, 안개, 달 속에서 배를 띄웠네. 清江煙月理孤舟
사별한 뒤 홀로 된 아픔 오래 간직하더니, 鏡分久抱形單慟
늙은 어머님께 누가 색동옷 춤 추어 드릴까. 萱老誰爲彩舞遊
자식을 보낸 죽연께선 오늘 눈물 흘려도, 風樹竹淵今日淚
효성스런 한림이 가업을 계승하네. 翰林誠孝繼箕裘

이언영, 『완정집』 권1, 「輓朴仁伯元甲」

이언영이 기억하는 박원갑은 '매사를 순리대로 행하여 쓸데없는 근심이 없었던 사람', '부귀영달보다는 강산에서의 담박한 삶을 여망한 청사清士', '상실喪室의 아픔 속에서도 종신토록 어버이 봉양에 소홀함이 없었던 효자', '가업을 이을 준수한 인재를 양육한 현부賢父'였다. 그랬다. 그는 맑은 처신으로 일신의 허물을 줄였고, 강호를 벗삼아 효를 행하며 삼강三綱을 몸소 실천하였으며, 도진박씨의 종사를 반듯하게 이어갈 현자賢子를 길러 냄으로써 도진마을의 역사를 넘어 17세기 사림의 역사에 길이 남을 자취를 남겼던 것이다. 이언영이 언급한 '가업을 이을 만한 효성스런 한림翰林'은 재종제 광선의 아들로 자신을 계후했던 박종윤이다.

종가의 역사
: 종손의 계보와 그 도도한 삶의 자취

5 남애南厓 박종윤朴宗胤

: 남명학南冥學의 관료적 실천

박종윤朴宗胤(1594-1646)의 자는 언장彦長, 호는 남애南厓이다. 그는 1594년 박광선과 강주강씨 사이에서 차자로 태어났으나 후사가 없었던 재종숙 박원갑을 계후하여 죽연가의 종통을 잇게 되었다. 생가 부형인 박광선朴光先·종주宗冑, 종숙 박효선(창선으로 개명)과 함께 내암문하에서 수학하여 남명학의 정맥을 이었다. 종조부 박정번과 부친 박원갑이 한강문인이란 점을 고려할 때, 도진박씨는 정구·정인홍을 통해 남명학을 계승했고, 정구를 통해서는 퇴계학파와도 연결될 수 있는 고리가 형성되어 있었다. 처사풍을 지향했던 부친과는 달리 박종윤은 일찍부터 경세관經世觀의 실현에 뜻을 두고 학업에 매진했고, 그 결과 도진박씨의 역사에서 매우 중요한 이력을 남기게 된다. 도진박씨는 박경의 도진 전거奠居 이래 7–8대에 이르도록 문과 급제자를 배출하지 못했다. 1546년에 무과에 합격한 박계조의 차자 박일이 집안에서 배출한 유일한 과거 합격자였고, 그나마 1591년 박광선, 1601년 박효선의 생원시 입격을 통해 '과거 콤플렉스'를 조금이나마 해소할 수 있었을 뿐이다.

이런 상황에서 박종윤은 1615년 생가 형 박종주와 함께 문과에 응시하여 둘 다 합격함으로써 도진 입향 이후 최초의 과경科慶을 누리게 된다. 합격자 총 33인 가운데 박종윤은 22등, 박종주는 15등으로 합격했다. 통상 형제 합격은 연벽聯璧이라 하여 방목에도 특서하는 것이 관행이었지만 이들 형제는 계통상 8촌의 척분을 지녔던 까닭에 그런 영예는 누리지 못했다.

1615년 문과방목에는 주목할 인물이 또 한 사람 더 있었다. 19등으로 합격한 오익환吳益煥이다. 오익환은 남명·퇴계문하의 고제 오운吳澐의 손자이자 문과를 거쳐 전한·보덕 등의 요직을 지낸 오여은吳汝檼의 아들이었다. 공교롭게도 오익환은 박정완의 외손자였으므로 박종주·종윤과는 내외종의 근친이었다. 박정완의 입장에서 볼 때, 내외손 3인이 문과에 합격하였으니, 이보다 더한 경사가 없었다. 하지만 그는 이보다 두 해 전인 1613년에 사망함으로써 도진 역사에 길이 남을 일문의 대경大慶을 지켜보지는 못했다.

박종윤은 합격 이후 권지權知성균관학유成均館學諭에 임명되어

성균관에 분관되어 박종주·오익환과 함께 근무하는 인연을 맺게 되었다.

> 이조에서 분관分館을 하였다. 권지성균학유權知成均學論에는 이상항李尚恒·한급韓吸·한정국韓定國·박종주朴宗胄·오익환吳益煥·박종윤朴宗胤·이모李慕·서국정徐國楨·이립李苙·이영식李永式·허녕許寗·최명헌崔明獻·채계선蔡繼善·이유일李惟一·신민일申敏一·정립鄭雴·나무송羅茂松·김경후金慶厚·오전吳晪이고, 권지교서관부정자에는 조삼성曺三省·김륜金崙·고부천高傅川이었다.
>
> 『광해군일기』「광해군 7년 12월 14일(병진)」

위에 등장하는 인물 가운데 이모李慕·이립李苙은 퇴계문인 이덕홍李德弘의 아들이자 월천月川 조목趙穆의 애제자들이고, 신민일申敏一은 우계牛溪 성혼成渾의 손서였으며, 고부천高傅川은 임진왜란 당시 호남의병의 상징적 존재인 고경명高敬命의 손자였다.

박종윤은 1616년 6월 겸설서를 시작으로 1617년 1월에는 사림의 극선極選인 예문관검열, 1617년 3월에는 홍문관저작에 임명됨으로써 화려하게 관계에 입문하였지만 그의 벼슬살이는 영욕이 교차하는 격랑으로 점철되었다.

그 분수령이 된 것은 폐모론이었다. 1617년 11월 25일 조정에서는 백관을 대상으로 폐모에 대한 의견을 수렴했고, 이때 박종윤은 다음과 같은 입장을 피력했다.

> 봉교 조정생曺挺生·오익환吳益煥, 검열 박종윤朴宗胤 등은 의논드리기를,

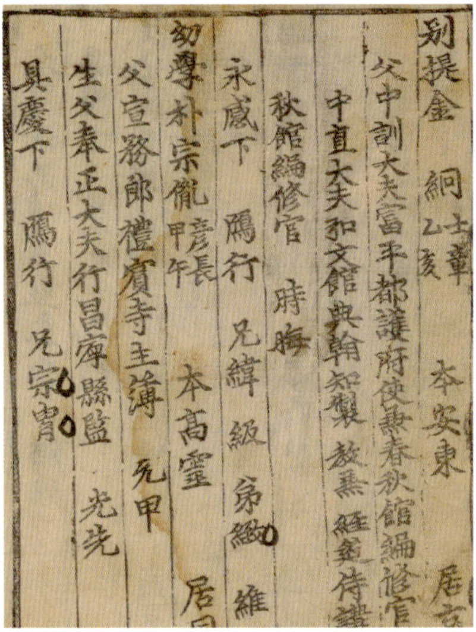

別提金絅 士章 乙亥 本安東 居京
父中訓大夫富平都護府使兼春秋館編修官
中直大夫知文館典翰知製 教兼 經筵侍講
秋館編修官 時晦
永感下 鴈行 兄緯 級 弟緻 維
幼學朴宗胤 彦長 甲午 本高靈 居同
父宣務郞禮賓寺主簿 先甲
生父奉正大夫行昌寧縣監 光先
具慶下 鴈行 兄宗冑

1615년 문과방목. 박종윤의 이름이 보인다.

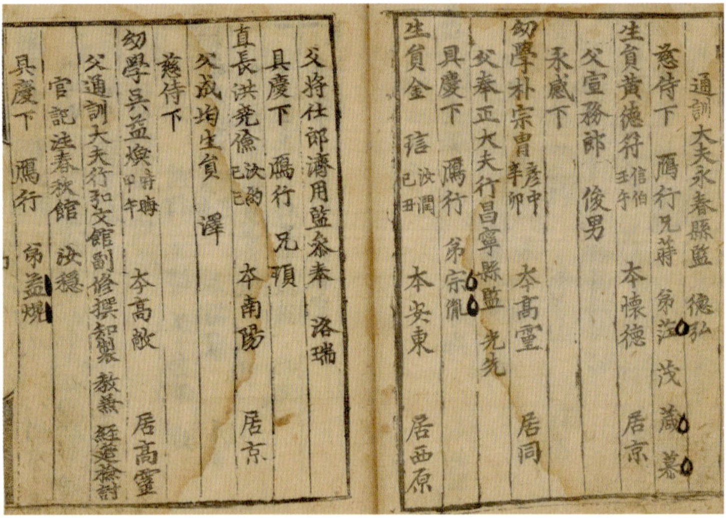

通訓大夫永春縣監 德弘
慈侍下 鴈行 兄蕣 弟江 茂 蕆 慕
生員黃德符 信伯 壬午 本懷德 居京
父宣務郞 俊男
永感下
幼學朴宗冑 彦中 辛卯 本高靈 居同
父奉正大夫行昌寧縣監 光先
具慶下 鴈行 弟宗胤
生員金琂 汝潤 己丑 本安東 居西原
父將仕郞濤用監叅奉 洛瑞
具慶下 鴈行 兄頊
直長洪尭兪 汝約 己巳 本南陽 居京
父成均生員 澤
慈侍下
幼學吳益煥 時晦 甲午 本高敞 居高靈
父通訓大夫行知文館副修撰知製 教兼 經筵檢討
官記注春秋館 汝穩
具慶下 鴈行 弟益焜

1615년 문과방목. 박종주와 오익환의 이름이 보인다.

"죄가 종묘사직에 관계되어 신하와 백성의 분노가 극도에 이르렀으니, 처리하는 방도는 오직 묘당에 달려 있습니다."라고 하였다.

『광해군일기』「광해군 9년 11월 25일(병술)」

이처럼 묘당廟堂, 즉 의정부의 결정을 존중하는 입장을 보이고 있으나 사실상 폐모론에 적극 찬성하는 행보를 보였고, 이런 인식은 1618년 1월의 차자箚子에서 보다 분명하게 개진되었다.

예문관 봉교 오익환·조정생, 대교 김주하金奏夏·이경익李慶益, 검열 안응로安應魯·박종윤朴宗胤·이필달李必達·이접李蔵 등이 상차하여 공론을 쾌히 따라 서궁을 폐출할 것을 청하니, 답하기를, "나의 뜻을 이미 조정에 유시하였다."라고 하였다.

『광해군일기』「광해군 10년 1월 4일(갑자)」

이 두 의견 및 주장은 1623년 인조반정이라는 혹독한 정치적 시련을 겪는 빌미로 작용하였고, 그것은 박종윤 개인을 넘어 도진박씨의 운명을 좌우할 만큼 혹독한 것이었다.

다가올 인생의 암운暗雲 속에서도 그는 승승장구했다. 1620년 9월에는 예문관봉교가 되어 다시 사필史筆을 잡았기 때문이다. 그러나 무슨 이유에서인지 1621년부터는 사임의 허락이 떨어지지 않은 상태에서 낙향하여 직무를 살피지 않았다. 심지어 형 박종주를 통해 복귀를 종용했음에도 그는 아무런 반응을 보이지 않았다.

역사를 기술, 편찬해야 하는 직무의 중요성, 중국 사신의 도착이 임박한 현실적 상황 등을 고려할 때, 그의 행동은 다소 의문스러운 것이 사실이다. 필유곡절이라 했던가. 그의 이러한 대응에는 우리가 모르는 모종의 사연이 있었을 것이다.

> 다만 생각건대 집필을 맡고 있는 관직은 한 시각이라도 자리를 비워서는 안 되는 것인데 겸춘추가 입직한 지 벌써 7일이나 되었으며 전후로 거둥하실 때 역시 사관이 없었으니, 예로부터 언제 이와 같은 때가 있었겠습니까. 나라의 기강이 이 지경에 이르렀으니 지극히 한심합니다. 게다가 조사의 행차가 이미 곧 닥쳤는데 이처럼 사관이 갖추어지지 않았으니 더더욱 염려스럽습니다.
>
> 『광해군일기』「광해군 13년 3월 12일(갑인)」

어쨌든 조정에서는 관직사회의 기강을 무시했다는 이유에서 처벌론이 대두되었고, 1621년 3월에는 국문하여 정죄定罪해야 한다는 주장까지 제기되었지만 광해군은 이를 받아들이지 않았다. 왕은 박종윤을 몹시 아끼고 있었던 것이다.

광해군의 보호론적 대응은 빗발치는 처벌의 소나기를 피해가는 언덕이 되어 1621년 4월에는 홍문관부수찬에 임명되었고, 동년 4월 30일에는 경상도어사로 발탁되었다. 비록 경상도가 본향이라는 이유로 상피하여 다른 도의 어사로 나가기는 했지만 어사 파견은 광해군의 신임을 재확인하는 것과 다름없었다.

서인계에 의해 편찬된 『광해군일기』는 1622년을 기점으로 박종윤에 대한 언설과 논평이 한층 거칠어진다. 박종주·종윤 형제가 기생을 서로 차지하려고 다투었다는 미확인 정보가 실리는 것도 이 때부터이다. 이는 세상이 뒤바뀌는 반정의 전주곡처럼 들린다.

1623년 3월 정원군은 반정을 통해 인조가 되었다. 광해군은 왕위에서 축출되고, 이이첨李爾瞻 등 대북정권 당로자들에 대한 참혹한 형벌이 단행되었다. 폐모론에 동조했던 박종윤도 이 소용돌이를 피해 갈 수는 없었다. 서인들은 한순간에 박종윤을 이이첨의 하수인으로 폄하했고, 그가 수행했던 모든 요직들이 이이첨의 덕분이라 매도했다. 이런 환난 속에서 방답진防踏鎭에 정배되는 유형流刑에 그쳐 성명을 보전한 것만도 천운이었다. 그러나 형 박종주가 반정이 일어난 지 채 열흘이 되지 않아 대구부 남문에서 형을 받고, 태산처럼 의지하며 존경했던 스승 정인홍이 4월 3일 극형을 받았을 때 그의 처참한 심사는 이루 형언하기 어려웠을 것이다.

이후 그는 석방되었다가 부적절한 술자리를 가졌다는 혐의로 다시 유배되는 곡절을 겪었다. 그러나 1639년 한강고제 이윤우李潤雨의 아들 이도장李道長의 변호에 힘입어 풀려났고, 약 7년 동안 향촌 도진에서 인고忍苦의 세월을 보내다 1646년 8월 24일 향년 53세로 영욕의 생을 마감하였다.

6 박서전朴瑞全과 그 이후의 죽연종손竹淵宗孫들

: 충효를 상전했던 죽연가의 의자손宜子孫

박종윤은 부인 창녕성씨昌寧成氏와의 사이에서 4자를 두었는데, 장자 박서전朴瑞全(1620-1667)은 음직으로 출사하여 우통례를 지냈고, 차자 박사전朴思全(1644-1660)은 행의가 반듯하고 처사處士의 풍도를 지녀 문호지망門戶之望으로 기대를 모았으나 17세로 단명함으로써 주변을 애통하게 했다. 그의 죽음은 효열의 애달픈 꽃을 피우며 도진마을에 삼강三綱의 진한 자취를 남기게 된다. 바로 부인 함안조씨의 효열孝烈이 그것이다. 부인 조씨는 통덕랑 조징천趙徵天의 따님이었는데, 조징천은 남명문하의 고제이자 임진왜란사에 웅혼한 공적을 남긴 대소헌大笑軒 조종도趙宗道의 손자였다. 즉, 그녀는 의리義理와 충분忠憤의 의미를 아는 충의가문忠義家門에서 태어나 양질의 교육을 받고 자라 죽연종가의 둘째 며느리가 되었던 것이다.

도진마을이 배출한 인문학자 고 박은용朴恩用 박사가 찬술한 「증숙인함안조씨정려유적비贈淑人咸安趙氏旌閭遺蹟碑」에 따르면, 한 여성으로서 부인의 운명은 몹시 기구했다. 혼례를 치르고 우귀于歸하던 다음 날에 지아비가 병석에 들자 밤낮을 가리지 않고 시약했고, 심지어 단지까지 하며 구병하였으나 하늘은 부인의 간절한 마음을 외면했다. 부인은 규문閨門의 법도에 누구보다 엄격했기에, 여필종부女必從夫의 가르침과 신념에 따라 죽음의 길을 택하려 했다. 이에 가인家人들은 그 험한 선택을 극구 만류했고, 특히 시어머니 창녕성씨의 만류는 엄하면서도 간절했다. 자신의 죽음은 열행일 수 있지만 홀로 남은 시어머니를 저버리는 것은 불효라는 생각에 그녀는 결단을 멈출 수밖에 없었다. 이제 부인은 열행에 효행까지 더한 현부賢婦가 되었고, 어떤 상황에서도 정情과 예禮를 다하여 시어머니를 섬겼다. 그런 효양은 30여 년간 한결같았고, 병환이 위독할 때는 상분嘗糞의 정성에도 주저함이 없었다. 이에 가인들은 흠복欽服했고, 향중에서는 칭송의 소리가 자자했다. 1717년(숙종 43) 부인이 몇 년간 병고를 겪다가 향년 77세로 유명을 달리하자 향론鄕論이 움직이기 시작했다. 천고에 빛나는 열행烈行을 인멸시킬 수 없었기에 조씨부인의 열부 정려를 청하는 향장鄕狀이 올라갔고, 도론道論이 또 여기에 호응했다. 이에 경종 연간 조정에서는 그 숭고한 효열을 인정하여 복호 및 정려하

증숙인함안조씨정려유적비

는 한편 공인에서 숙인으로 추증하는 은전을 내렸다. 이로써 도진마을 죽연가는 충효열忠孝烈, 즉 삼강을 겸비한 유교적 모범가문으로 더욱 비상하게 되었던 것이다. 부인의 효열의 행적은 『고령지高靈誌』「열행조烈行條」에 실려 전하고 있다.

한편 박서전의 장자 박문징朴文徵(1646–1679)은 관함이 통덕랑

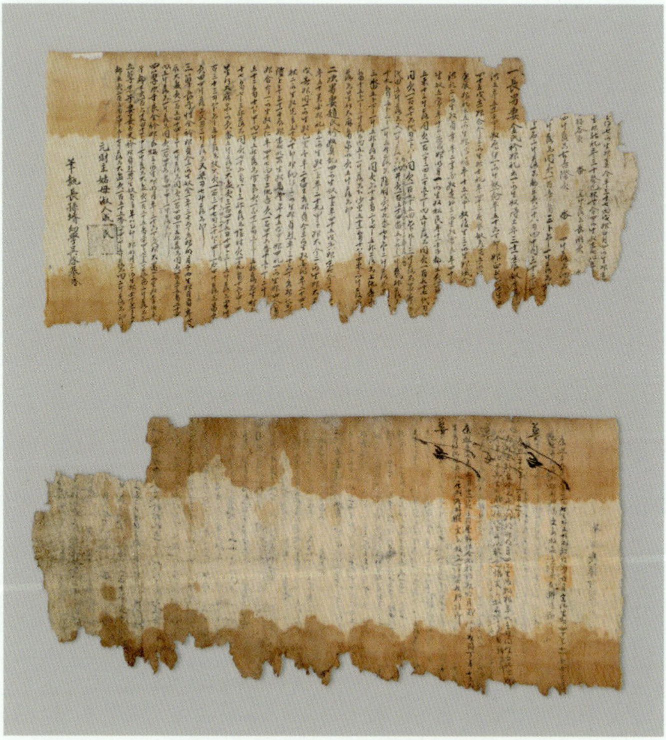

박종윤의 부인 창녕성씨가 장자부 일선김씨,
차자부 함안조씨 등에게 재산을 분급한 분재기
(고령박씨 소윤공파 제공)

이고 고결한 풍도가 있었으나 수를 누리지 못했고, 양자 박태로 朴泰老(1672-1710) 또한 효행과 학문이 특출하였으나 그 또한 단명하는 불운이 있었다. 종손 양대의 단명으로 한때 가세가 다소 위축되었지만 박태로의 아들 박돈朴惇(1700-1753) 대에 저력을 다시 회복하게 된다. 박돈은 일문의 충효 가풍을 착실하게 계승한 인

죽연종가 가계도

朴宗胤 → ①瑞全 → 文徵 → 泰老 → 惇 → ①尙坤 → 善謙 → 胄永
　　　　　　　　　　　　　　　　　　└→ ②履坤
　　　 └→ ②思全

물로 평가되고 있다. 또한 그는 학문도 뛰어나 다수의 저작을 남겼으나 안타깝게도 대부분 소실되고 전하는 것이 많지 않다. 다만, 김낙행金樂行과 이상정李象靖의 문인으로 정조–헌종 연간 영남학계의 명사였던 신체인申體仁(1731–1812)이 박돈의 당堂인 '영일당永日堂'의 기문을 찬한 것에서 사림 내 그의 높은 위상을 확인할 수 있다. 영일당은 효심의 절실한 반영이란 점에서 죽연가의 가풍이 너무도 선명하다.

> 부친은 휘가 돈惇인데, 출천의 효자로 조실부모한 것을 지극한 아픔으로 여겨 호를 영일당永日堂이라 했다. 금연錦淵 신공申公(申體仁)이 그 기문을 지었다.
>
> 朴履坤, 『芝村遺集』 卷2, 附錄 「朴履坤行狀」

박돈은 야성송씨와의 사이에서 박상곤朴尙坤(1724–1780)과 박이곤朴履坤 두 아들을 두었다. 장자 박상곤은 효우의 가풍을 계승하여 일문의 종손으로서의 위상이 탄탄했고, 차자 박이곤은 문한으로써 죽연종가의 수월성秀越性을 크게 제고하게 된다.

박이곤(1730–1783)의 자는 성원聖元, 호는 지촌芝村이다. 자질이 총명했던 그는 어려서 청천青泉 신유한申維翰의 문하에서 수학했고, 점차 대산大山 이상정李象靖, 금연錦淵 신체인申體仁 등 퇴계학파권 명사들로까지 사우관계를 확대하여 학자적 위상이 매우 높았다. 이황의 후손인 향산響山 이만도李晩燾(1842-1910)는 「지촌박공묘갈명芝村朴公墓碣銘」에서 그의 선비 그리고 학자로서의 삶을 다음과 같이 평가하고 있다.

> 공은 천품이 비범하였다. 책을 두루 보고 많이 기억하였으며 문장이 능숙하여 이른 나이에 청천青泉 신유한申維翰 선생에게 배웠다. 여러 번 향시에 합격하였으나 복시에 떨어지자, 마침내 위기지학爲己之學의 서적에 전심하여 부지런히 공부하였다. 진심으로 터득한 뒤에 저술한 책으로는 『근사록석의近思錄釋義』, 『정서류요程書類要』, 『주서류요朱書類要』가 있는데, 위의 두 군자를 사사했기에 가능한 일이었다. 부모의 상에 3년 동안 여묘를 살면서 산문 밖으로 나가지 않았고, 예서禮書를 읽고 『거우록居憂錄』을 남겼으며, 삼년상을 마치고도 여전히 아침저녁으로 참배하며 살아 계신 분을 섬기듯 하였다. 이러한 점이 진실로 효행이 출중했던 부친 영일당永日堂(朴惇)을 빼닮았다.
>
> 李晩燾, 『響山集』 別集 卷5, 「芝村朴公墓碣銘」

이만도의 평은 '명사의 문하를 두루 출입했고, 위기지학爲己之學에 전념하여 다수의 저작을 남긴 학인', '죽연가의 효우가풍을 착실하게 계승한 효손孝孫'으로 압축되는데, 박이곤의 삶에 대한 해박한 이해의 결과라 하겠다.

그렇다고 그가 책상머리 공부에만 매진한 꽉 막힌 선비는 결코 아니었다. 그는 영일당 주변에 매화梅花·도화桃花·모란牡丹·

자형紫荊·장미薔薇·괴화槐花·해당海棠·작약炸藥·난蘭·국菊·죽竹·두충杜沖 등 12종류의 화초를 심어 완상할 만큼 문아文雅한 선비였는데, 그 서정은 『지촌유집芝村遺集』에 수록된 「영일당12영永日堂十二詠」이란 작품에 잘 녹아 있다. 또한 그는 아름다운 계절과 좋은 친구를 만나면 강과 산을 향해 여장을 꾸릴 수 있는 풍류남아이기도 했다. 1771년 4월 18일에는 소동파蘇東坡의 적벽赤壁에서의 주유를 본받아 낙강선유洛江船遊를 추진했고, 1773년에는 경주·영천 일대를 유람하여 옥산서원玉山書院·독락당獨樂堂·구강서원龜岡書院·임고서원臨皐書院 등 이언적李彦迪·이제현李齊賢·정몽주鄭夢周의 유촉이 서린 공간을 답사하여 존현의식을 고양하고 국토의 풍물에 대한 애착을 가슴에 담아 돌아왔다. 『지촌유집』에 실린 「낙강범주록洛江泛舟錄」, 「유동경록遊東京錄」, 「유옥산기遊玉山記」에는 뱃놀이 및 존현 행보에 대한 살가운 기억들이 절제된 필치로 묘사되어 있다.

그는 조상 및 부모에 대한 효사孝思만큼이나 존사의식尊師意識 또한 각별하여 신유한申維翰의 『청천연보青泉年譜』를 편찬하고, 후서를 붙여 사은에 답했다. 밀양 출신으로 1710년을 전후하여 고령으로 이거한 신유한은 당대 일류의 문사였다. 다만, 그는 서출이라는 신분적 제약으로 인해 벼슬길이 순탄치 못했고, 그 역량과 자질에 비해 영남학계에서도 크게 주목을 받지는 못했다. 그럼에도 박이곤은 적서嫡庶의 범주를 넘어 스승으로서 신유한을 존경하며 그 학문을 계승한 열린 지식인이었다.

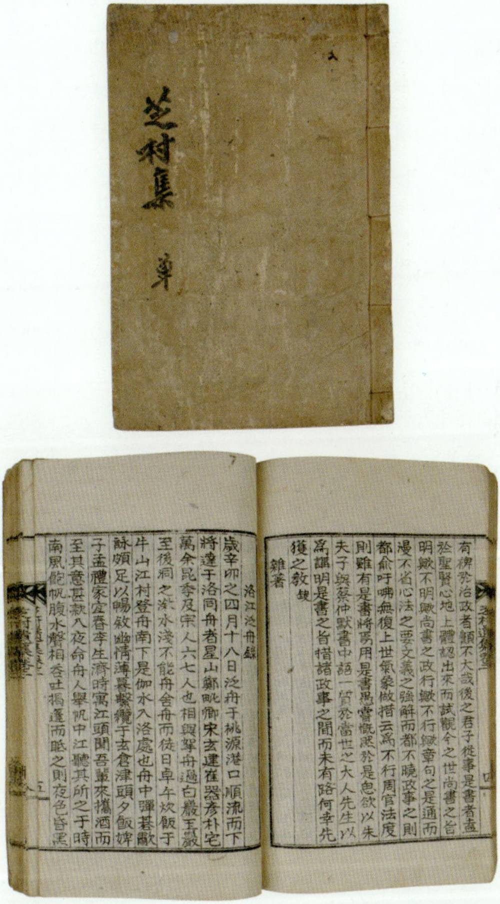

『지촌유집』(고령박씨 소윤공파 제공)

조상 및 스승에 대한 사모와 보답의 마음은 자손과 문인들에게 생생한 교육의 장면으로 각인되었고, 사망과 동시에 그 또한 그런 보답의 수혜자가 되었다.

공이 세상을 떠나자, 문인과 붕우들 중에 상복을 입은 사람들이 매우 많았다. 유집遺集 열 몇 권이 아직 간행되지 못하였다고 한다. 조동규趙東奎와 노재규盧在圭가 이어서 찾아와 공의 묘갈명을 부탁하였다. 이들이 외손임에도 불구하고 이렇게 정성을 쏟는 것이 나를 감동시켰으므로 거절하지 못하고 명을 짓는다. 명은 다음과 같다.

지극한 행실은 대를 이어 물려받은 것이고, 至行也係世類
독실한 학문은 훌륭한 스승에게 나아간 덕택이네. 篤學也就有道
한 조각 빗돌에 게시하여, 庸揭一片貞珉
부형과 사우가 있는 세상 사람들이 본받게 하리라. 使世之有父兄師友者傚焉

李晩燾, 『響山集』 別集 卷5, 「芝村朴公墓碣銘」

이처럼 제자들은 사복을 입고 애도했고, 외손들은 묘도문자를 청하기 위해 부심했다. 그는 향년 54세로 사망했고, 그 육신은 속동涑洞 신당곡新塘谷에서 영면에 들었지만 그가 남긴 학인의 향기는 짙고 자욱했다.

제3장

도진마을의 인간과 공간

1 도진마을의 준재들
: '도진호련桃津瑚璉'

1) 양죽당養竹堂 박정완朴廷琬: 겸양謙讓과 은덕隱德 그리고 파천破天의 기상

박정완朴廷琬(1543-1613)의 자는 군실君實, 호는 양죽당養竹堂이고, 낙락당樂樂堂 박택朴澤의 장자이다. 아들 박광선이 지은 묘지墓誌에 따르면, 그는 일찍부터 과거를 위한 공부에 전념하였으나 뜻을 이루지는 못했다. 다만 그는 지행志行이 뛰어난데다 의기 또한 높아 사림사회에서 강력한 리더십을 발휘한 인물이었다. 그가 임진왜란 당시 정인홍鄭仁弘·김면金沔 등과 협모하여 무계전투茂溪戰鬪 등 낙동강 유역의 강우 지역을 중심으로 의병활동을 전개하여 큰 전공을 거둘 수 있었던 저력도 여기에 있었다. 박광선은 부친의 전공을 이렇게 기술하고 있다.

> 임진년 왜란 때 앞장서서 의병을 일으켜 낙동강을 차단함으로써 인근 고을이 여기에 힘입어 평안을 유지할 수 있었다.
>
> 『五行錄』「先考墓誌」

어목정의 정주였던 박정완에게 낙강은 평화의 시기에는 학술과 문화의 공간으로 쓰이고, 전란 때는 군사적 요해처로 활용되었음을 말해 준다. 강거문화의 전통 속에서 자란 그는 누구보다 강의 속성을 잘 알고 있었고, 그 지혜를 국가 위난 때 유감없이 발휘했던 것이다.

임진왜란 때의 전공과 관련하여 박정완 후손가에는 매우 특이한 고신 한 점이 남아 있다. 1592년 8월 박정완을 사섬시봉사에 임명하는 고신인데, 연조 옆에 부기된 사유가 매우 흥미롭다.

> 변란 초기에 마을 사람들을 이끌고 왜적을 사살하고 축출하여 자신이 살던 마을을 지금껏 보전하였으며, 두 번에 걸쳐 힘써 싸워 왜적의 머리를 벤 것이 3급이고, 활을 쏘아 맞춘 것이 5명이었다.
>
> 「1592년 박정완사섬시봉사고신」

전공은 국가적 보상으로 이어졌다. 초유사 겸 경상우도감사 김성일金誠一의 장계로 인해 앞의 사섬시봉사司贍寺奉事를 시작으로 거창·안의현감, 군자감정軍資監正 등의 관직이 주어졌지만 사환에 대한 집착이 적었던 그는 어느 직임에도 오래 머무르지는

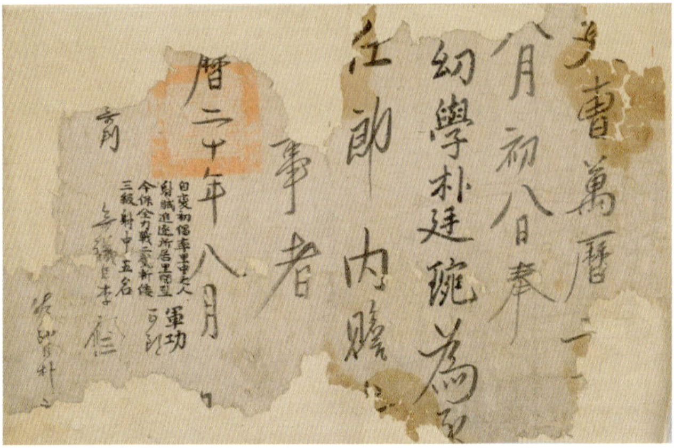

「1592년 박정완사섬시봉사고신」

않았다. 이처럼 그는 견위수명의 선비정신을 몸소 실천한 의인이었지만 주어진 복록은 그 역할에 크게 미치지 못했다. 1617년 영남유생 윤경황尹慶璜 등의 요청으로 가선대부 이조참판에 추증되었지만 그 또한 흡족한 것은 아니었다. 하지만 그의 사회적 기여는 하나의 음덕으로 온축되어 1자(박광선) 2손(박종주·종윤)이 문과에 합격하여 중앙 관료로 입신하는 동력이 되었다.

2) 학암鶴巖 박정번朴廷璠: 변화기질變化氣質의 군자유君子儒

박정번의 자는 군신君信, 호는 학암鶴巖이다. 1550년 박택과 양천최씨 사이에서 차자로 태어났으나 18세 때인 1567년 종성판관을 지낸 중부 박일朴溢을 계후했다. 현재 도진마을에는 계후

사실을 인준하는 예조입안이 남아 있는데, 매우 귀중한 문서라 하겠다. 조선시대의 가家는 국가의 통제와 관리 속에 있었기 때문에 양자를 들이기 위해서는 국가의 승인을 얻어야 했는데, 그것을 관할했던 부서가 예조였다. 입양을 위해서는 정실과 소실 모두에 아들이 없어야 했고, 항렬이 맞아야 했으며, 양가의 동의 또한 필수적이었다. 이런 제반 요건을 갖춘 귀중한 행정 문서가 도진마을에 남아 있는 것이다.

무엇보다 16세기 중반만 해도 아들에 대한 집착이 적었기 때문에 입양하지 않고 외손봉사外孫奉祀를 고집하는 예가 적지 않았다. 그런 분위기에 반해 법적 절차를 갖춘 계후입안이 존재한다는 것은 도진마을이 유교적 종법제도宗法制度의 수용에 매우 선진적이었음을 뜻한다.

박정번은 어려서부터 용모가 준수했고, 언어는 신중했으며, 희노애락喜怒哀樂을 절제할 만큼 인성도 정제되어 있었다. 1566년 생부 박택의 상을 당하여 3년 동안 시묘살이를 하며 집상執喪의 예법을 철저하게 지켜 효문孝門의 가치를 고양하며 주위의 칭송을 들었다.

누대 무관을 지낸 도진박씨의 가문적 유전자는 박정번 대에 이르러서도 옅어지지 않았던 것 같다. 탈상 이후 그가 잡은 것은 붓이 아니라 궁시弓矢였기 때문이다. 어쩌면 그것은 조부 양산공과 무과를 통해 발신했던 양부 판관공의 암묵적 훈령이었는지도 모른다. 무엇보다 그는 남다른 재능이 있어 무예가 숙성했고, 그

것으로써 공명을 이룰 수 있다는 기대감도 날로 커져만 갔다. 더욱 흥미롭게도 그는 경향을 왕래하는 가운데 수많은 무인武人들과 사귐에 거리낌이 없었고, 부잣집 자제라 그랬는지 말의 안장이나 복식까지도 매우 화려하게 꾸밈으로써 집안 및 고을 사람들에게 풍류호객風流豪客으로 일컬어졌다.

그러던 어느 날, 그에게 엄중한 권고의 말을 서슴지 않은 은인이 등장했다. 바로 대암 박성朴惺(1549~1606)이었다. 박성은 학문과 행의 그리고 절조로써 16세기 중후반 영남사림계를 풍미한 학자로 정구조차도 문인이 아닌 벗으로 대했을 만큼 중량감을 지닌 인물이었다. 박성의 말은 단도직입적이었다.

> 그대가 명문가의 훌륭한 부친의 자식으로서 훌륭한 자질을 이어받고 좋은 재성才性을 품부받았으면 마땅히 가정의 훈도를 따라서 바른 가학家學을 잃지 않아야 하거늘 어찌하여 이렇게 거칠고 허랑방탕한 짓을 하여 평생을 그르치려 하는가.
>
> 이현일, 『갈암집』 별집 권4, 「학암박공행장」

정통 주자학자였던 박성에게 무업武業은 허랑방탕한 일에 지나지 않았다. 그가 권고했던 가학은 유학, 즉 주자학朱子學이었다. 박성의 훈계에 박정번은 식은땀을 흘렸고, 그날부터 자신을 변화시켜 나갔다. 이른바 변화기질變化氣質의 필요성을 절실하게 깨달았던 것이다.

그러나 공부는 혼자만의 힘으로는 한계가 따르는 법이다. 누군가 이끌어주는 존재, 즉 스승이 있어야 한다. 이에 그는 조식의 고제로 강우학계의 석학으로 추앙되었던 정인홍·정구의 문하를 출입하며 선비로 변모하게 된다. 남명학파를 ①오건吳健의 덕계문파德溪門派, ②최영경崔永慶·하항河沆의 수우당守愚堂·각재문파覺齋門派, ③정인홍鄭仁弘의 내암문파來菴門派, ④김우옹金宇顒의 동강문파東岡門派, ⑤정구鄭逑의 한강문파寒岡門派로 대별할 때, 그는 내암문파와 한강문파 두 파에 속해 있었다. 그러나 기록상의 제약으로 정인홍과의 관계성은 크게 드러나지 않는 대신 정구와의 학연은 매우 긴밀했다.

> 한강寒岡 정 선생을 찾아가 배알하고서 대인군자大人君子의 강론을 듣고는 마침내 옛 버릇을 모두 버리고 생각을 바꾸어 훌륭한 선비가 되었다. 사람을 가려서 교유하고 유행儒行을 독실히 하였으며, 사랑과 공경의 도를 다하여 어버이를 받들고 형을 섬겨 일상생활에 모두 법도를 따랐다.
>
> 鄭逑, 『寒岡集』 卷8, 「答吳翼承」

박정번은 정구와 같은 대인군자를 통해 기질변화를 이루어 낼 수 있었고, 이제는 사람조차도 가려 사귀면서 유자儒者의 행실에 힘썼다. 학문은 물론 일상의 범절까지도 법도에 따라 행하였을 때, 그에게서 지난날의 호협함은 찾아볼 수 없었다. 그는 이렇게 한강학에 훈습薰習되어 가고 있었던 것이다.

정구 또한 박정번을 몹시 경애했다. 용무가 있어 고령 나들이를 할 때면 박정번의 집에서 묵으며 학문을 토론하고 환담을 나누며 사제의 정을 다졌다.

> 선대 묘소에 비석을 만들어 세우기 위해 고양高陽 도진桃津에 와서 지금 박군신朴君信(朴廷璠) 집에 머물러 있는 중이네.
>
> 鄭逑, 『寒岡集』 卷8, 「答吳益承」

이런 과정을 거치면서 사제관계는 더욱 돈독해졌고, 정구는 박정번을 은덕隱德으로 칭송하여 그 행실을 크게 인정하게 된다. 어쩌면 정구에게 박정번은 청량제와 같은 존재였는지도 모른다.

> 언제나 공의 편지를 받아 보고 공의 얼굴을 대할 적이면 흔연히 자신도 모르게 흐린 정신이 맑아지고 병세가 풀리곤 하였습니다.
>
> 鄭逑, 『寒岡集』 續集 卷5, 「祭朴君信」

그랬다. 그는 까다롭기로 정평이 나 있었던 정구의 마음조차도 편안하고 기쁘게 할 수 있는 온화한 미덕을 갖춘 인물었던 것이다. 그런 정서의 결정판이 1611년 박정번의 죽음을 애도한 만사다.

남들은 어려운 걸 거뜬하게 해냈으니,	人所難焉我自優
그대의 숨은 행실 짝할 자 드물었네.	如君隱行信稀侔
한평생 강호에서 즐거움을 누리었고,	一生全向江湖樂
반세상 사우 따라 어울려서 노닐었지.	半世相從士友遊
학 들녘 매화 동산 함께 술잔 기울였고,	鶴墅梅園多共酌
도진 낙수 조각배 그 얼마나 함께 탔나.	桃津洛水幾同舟

그때 당시 좋은 일 이제 오니 서글퍼라, 當時好事他時愴
늘그막의 산양 눈물 하염없이 흐르누나. 老淚山陽浩莫收

鄭逑, 『寒岡集』 卷1, 「挽朴君信廷璠」

한편 박정번은 친부모와 양모를 한결같은 정성으로 섬긴 참된 효자였고, 전란의 소용돌이 속에서도 예법을 실천했던 반듯한 선비였으며, 기근으로 주린 자들을 외면하지 않았던 덕인이었다. 특히 유리걸식하다 부둥켜안고 죽은 어린 형제를 불쌍히 여겨 자신의 옷을 벗어 장례를 지내 준 모습에서는 인인仁人의 풍모가 느껴진다.

또한 그는 수양과 단련을 위해 '엄숙하고 공경하면 날로 강해지고 안일하고 방자하면 날로 구차해진다.[莊敬日强 安肆日偸]', '스스로를 속임이 없다.[毋自欺]', '홀로를 삼간다.[愼其獨]' 등의 격언을 창과 벽 사이에 써 놓고 밤낮으로 살피고 반성하였는데, 이 수양의 전통은 종질 박원갑 등 일가의 자제들에게 계승되어 하나의 가풍을 이루게 된다.

한때 악비와 같은 무공을 꿈꾸었던 헌걸찬 젊은이가 40년 공부를 통해 고인에 부끄럽지 않는 순유醇儒로 변모하였을 때, 도진의 저력은 강대해졌고, 조선의 인문성은 더욱 무르익었다. 후학을 가르쳐 인도함이 있었으니, 그의 삶은 너무도 공익적이었고, 허물을 고쳐 선을 행하는 데 거리낌이 없었으니, 그는 진정으로 용맹한 선비였다. 1611년 봄 그가 향년 62세로 생을 마감하였을 때 정구·장현광 등 기라성 같은 석학들이 애도의 정을 가누지 못

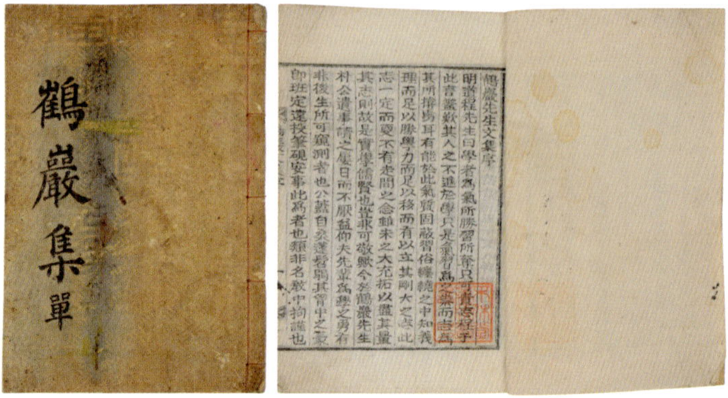

『학암집』(고령박씨 소윤공파 제공)

했던 것은 무엇을 뜻하는가? 그것은 학처럼 고결했던 그의 학행에 대한 사무치도록 아름다운 보답이었으리라.

3) 소고笑皐 박광선朴光先: 그 비감悲感했던 장부의 삶

박광선의 자는 극무克懋, 호는 소고笑皐, 1569년 박정완과 창녕조씨 사이에서 장자로 태어났다. 그는 어려서부터 총명聰明·강기強記했고, 더욱 학문에 힘써 11세 때부터는 성주 가천伽川에 살던 서계西溪 김담수金聃壽 문하에 입문하여 8–9년 동안 수학하는 과정에서 문예가 크게 진보했다. 김담수는 조식으로부터 '가슴속이 쇄락한 인물[襟宇灑落]'로 평가될 만큼 남명학파에서의 비중이 높았고, 이문건李文楗(1494–1567)·오건吳健·황준량黃俊良의 문하에서도 수학하여 남명·퇴계학을 아울러 계승했던 학자로 잘 알려진 인물이었다. 김담수는 조몽길曺夢吉의 사위였으므로 박광선에게는 이모부가 된다. 척연에 바탕한 학문의 수수 양상이 이 집안에서도 여실히 드러나고 있다. 김담수의 「서계행장西溪行狀」에 따르면, 조몽길은 임종 시 자신의 어린 자녀들을 김담수에게 부탁했고, 김담수는 처부의 상제례喪祭禮를 주관함은 물론 처남 및 처제의 교육 및 혼사까지 도맡아 처리하고 성주로 돌아왔다고 한다. 조몽길의 차자 조응인曺應仁이 어려서 김담수에게 수학하고, 박광선 또한 그에게서 가르침을 입은 것은 조몽길의 내외손 그룹에서 점하고 있었던 김담수의 비중이 매우 컸음을 의미한다.

약 10년에 걸친 수학授學의 과정에서 김담수는 박광선의 재능에 감탄했고, 다음과 같은 말로써 이질이자 한 문인의 학업을 크게 인정하며 한강문하寒岡門下에 입문하여 더 큰 공부를 할 것을 권유했다.

> 학문의 조예가 이와 같은데, 다시금 나와 같은 노인에게 무엇을 더 배울 것이 있겠느냐.
>
> 朴光先, 『笑皐公實紀』 「朴光先家狀」

이후 박광선은 정구를 학문과 행신의 사표師表로 삼아 서로 질의·토론하는 과정에서 학문이 크게 진보하였다. 특히 그는 학문 및 사대부로서의 일상생활에서 의문 나는 곳이 있으면 정구에게 품의하여 그 답을 얻었다. 『소고공실기笑皐公實紀』에는 정구에

『소고공실기』(고령박씨 소윤공파 제공)

게 보낸 다수의 품목稟目이 수록되어 있는데, 그 주된 내용을 이루는 것은 상례喪禮·제례祭禮 등 한강학寒岡學의 정수인 예학禮學 분야였다.

한강문하에서의 강도 높은 학업은 국가·사회적 인재로 도약하는 발판이 되었고, 23세 되던 1591년에는 진사시에도 당당하게 입격하였다. 이후 그는 문과를 준비하던 중 임진왜란이 발발하자 부친 박정완을 따라 의병활동에 투신하였다. 이때 그는 부명에 따라 군량 모집을 촉구하는 내용의 글[董合義穀文]을 지어 강우열읍에 통지하였는데, 끓어오르는 충분과 뛰어난 문장력이 잘 조화된 이 글은 강우사림의 명문名文으로 두고두고 회자되었다.

박광선은 임란 전공으로 인해 1593년 빙고별제氷庫別提, 1595년 한성참군漢城參軍, 1597년 장수도찰방長水道察訪을 거쳐 1600년에는 내자시직장內資寺直長으로 승진했다. 특히 장수도찰방으로의 복직에는 경상우병사慶尙右兵使 김응서金應瑞의 건의가 매우 중요한 영향을 미쳤다. 김응서는 박정번의 사위였으므로 박광선과는 4촌의 척분이 있었지만 이는 의로운 행위에 대한 정당한 표창이었을 뿐 사적 정의情誼와는 전혀 별개였다.

> 전 참군參軍 박광선朴光先은 항복한 왜인이 힘껏 싸웠다는 말을 듣고 자기가 타고 다니던 좋은 말을 주었으니, 이러한 선비들은 상을 바라는 마음은 없지만 나라를 위한 마음은 매우 아름다우니, 조정에서 포상하소서.
>
> 『선조실록』「선조 30년 10월 15일(임신)」

그뿐만 아니라 동년 10월에는 1592년 당시 군량 조달에 힘썼던 모곡募穀의 공을 인정받아 전옥서주부典獄署主簿로 승진한 다음 동부주부東部主簿, 사헌부감찰을 역임했다. 이후에도 그의 사환은 계속되어 1601년에는 선공감주부, 한성부판윤을 거쳐 창녕현감에 임명되었다. 그러나 창녕현감 이후에는 약 16년 동안 관직에서 물러나 있다가 1617년 9월 군자감판관에 임명되면서 관계에 복귀했고, 형조정랑에 재임하던 1618년 10월 문과에 합격하여 '문신文臣'의 반열에 오르게 된다.

문과 합격은 중용의 명분이 되어 예조정랑, 사간원정언 등 중앙의 요직에 여러 차례 임명되었고, 1621년에는 사림의 극선인 호당록湖堂錄에 입록되기도 했다. 이후 그는 사헌부장령, 성균관사예를 거쳐 1622년에는 사헌부사간, 시강원 필선·보덕을 역임했다.

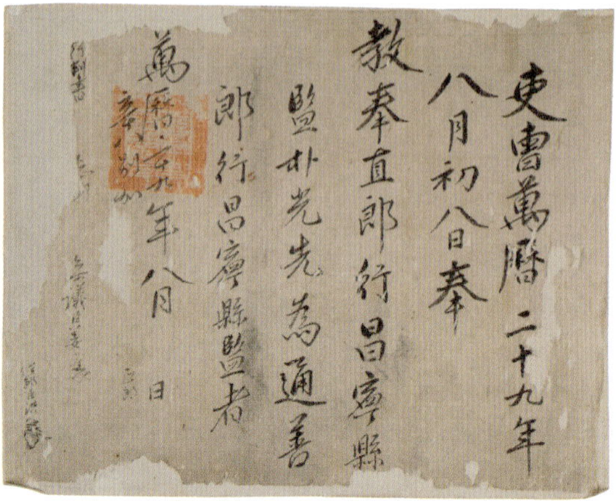

吏曹萬曆二十九年八月初八日奉
教奉直郎行昌寧縣監朴光先爲通善郎行昌寧縣監者
萬曆二十九年八月 日

「박광선창녕현감고신」(고령박씨 소윤공파 제공)

특히 보덕 재임 시에는 서연관書筵官으로서 세자를 보도하는 임무에 충실하다 동년 12월 신병으로 인해 벼슬을 사임하고 고향 도진으로 돌아왔다.

박광선의 『소고공실기笑皐公實紀』에는 겸사서로서 세자 교육을 담당하는 서연관으로 활동한 기록이 실려 있다. 이에 따르면, 그는 1622년 윤2월 26일부터 동년 3월 27일 병으로 사퇴하기까지 꼬박 한 달 동안 거의 매일 세자를 보도하는 역할을 수행했다. 이 과정에서 박광선 등 서연관들은 『대학연의大學衍義』를 시강하는 한편 학문 및 시사와 관련된 다양한 질문에 응답하며 예비 군주의 자질 함양을 위해 노력하였다. 시사 관련 논의 중에는 정인홍의 동정, 김종직金宗直의 문장, 오현五賢의 도학 등 흥미로운 것이 많았다. 특히 세자가 장현광의 인물됨을 물었을 때는 다음과 같이 대답했다.

> 저하께서 '장현광의 성명聲名을 잘 알지 못해서 그러는데, 이 사람은 어떤 사람인가?'라고 하시기에 '행지行止를 보노라면 전야田野에 사는 한 노인에 지나지 않지만 원근의 어진 사람이나 어리석은 사람이나, 귀한 사람이나 천한 사람이나 모두 그를 경모하는바, 한 시대의 현자賢者라 해도 부끄러울 것이 없는 사람입니다.'라고 하였다. … 저하께서 '장현광의 나이는 얼마인가?'라고 하시기에 '계축생입니다.'라고 답했다.
>
> 朴光先, 『笑皐公實紀』「壬戌閏二月書筵講義」

그는 '시현時賢'이란 표현을 쓰며 장현광에 대한 매우 객관적 정보를 세자에게 전하고 있다. 그의 대답은 17세기 영남사림들의 '여헌관旅軒觀'과 정면으로 합치하고 있다. 물론 작은 실수도 있다. 박광선은 장현광의 나이를 계축생, 즉 1553년생이라 했지만 실제 그는 갑인생인 1554년생이었다. 이 작은 실수를 핑계로 『소고공실기笑皐公實紀』의 신빙성을 흠잡는 일은 없어야 할 것이다.

한편 박광선은 1622년 8월에 다시 서연에 입참하였는데, 당시 그의 직함은 겸필선이었다. 이때 세자가 박종주의 근황과 여러 소명에도 부임하지 않는 이유를 묻자 박광선은 이를 '나아가기를 어려워하고 물러서는 것에 구차하지 않는 난진이퇴難進易退'의 출처관으로써 답하기도 했다.

사실 박광선은 영남유림의 사론을 주도할 만큼 사림에서의 영향력이 컸고, 진영논리에 매몰되지 않고 정치·사회적 균형감을

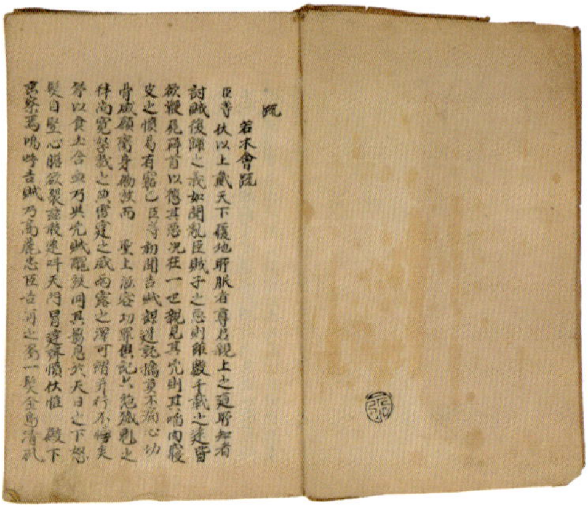

『소고공실기』에 실린 「약목회소若木會疏」(고령박씨 소윤공파 제공)

갖추기 위해 노력했던 인물이다. 1601년 길재의 후손 길운절吉雲節의 역모사건이 발생하였다. 이 사건은 길운절이 기축옥사에 연루되어 제주도로 유배된 소덕유蘇德兪를 찾아가 역모를 도모한 것에서 비롯되었다. 그러나 이 사실이 소덕유의 아내에게 알려지자 길운절은 자신이 먼저 고변함으로써 역모사건이 표면화되었다. 길운절은 정유재란 당시 왜적방어책을 제시하는 등 국난극복에 기여한 바가 있었으나 국가에 대한 불만이 적지 않았던 것 같고, 역모사건은 그런 불만과도 무관치 않아 보인다.

이에 영남유림들도 입장 표명을 준비하였는데, 소청이 차려진 것은 약목若木이었다. 유림 차원의 대응책이 모색된 것은 길운절이 선산 사람이라는 점, 무엇보다 그는 사림파 도통의 중심에 위치했던 길재吉再의 후손이라는 점에서 대수롭지 않게 여길 사안이 아니었다. 박광선은 '약목소청若木疏廳'에 적극 참여함은 물론 조정에 올릴 상소문의 제소자製疏者로 활동했다. 『소고공실기笑皐公實紀』에 실려 있는 「약목회소若木會疏」가 그것인데, 이 글에서 그는 국가의 형벌을 강력하게 시행하여 난신적자亂臣賊子를 엄단할 것을 준절하게 촉구했다. 그는 이 사안을 같은 영남 출신이라는 사적 인연보다는 공의公義적 입장에서 바라보고 있었고, 그것은 그의 관료의식과도 연접되어 있었다. 한편 박광선은 임진왜란 직후 정승직에서 파직된 류성룡을 신구伸救한 특이한 이력을 가지고 있다. 류성룡의 실각은 북인계의 탄핵에 의해 이루어진 것으로 파악되고 있으며, 그 중심에 정인홍·조목·이이첨 등이 존재하는 것으로 알려져 있다. 임란 이후 남인과 북인의 대결 구도에서 바라볼 수 있는 정치적 사건인 것이다. 박광선은 그 자신은 물론 아들 종주·종윤 형제까지도 내암문인이었지만 「류성룡을 신구하는 상소[伸救柳相成龍疏]」를 올려 류성룡이 왜란을 극복하는 과정에서 큰 공을 세웠고, 몸소 청검을 행하며 탁란濁亂한 자취를 남기지 않아 사류의 영수로서 조야의 신망을 받은 인물임을 강조하며 한때 류성룡에게 쏟아졌던 비난을 해명하고 그를 구호하는 데 앞장섰던 것이다. 그는 비록 내암문인으로서 북인을 표방했지만 남인 정승 류성룡에 대한 과도한 사회적 비난만큼은 묵과하지 않았던 균형감을 지니고 있었는데, 이것은 그가 진영논리에 함몰되지 않았음을 의미한다. 이런 맥락에서 그는 1604년 6월 1일 서애문인 김윤안金允安 등과 함께 '오현五賢', 즉 김굉필金宏弼·정여

창鄭汝昌·조광조趙光祖·이언적李彦迪·이황李滉의 문묘종사를 요청하는 상소를 주도하게 된다. 이 상소는 이언적이 문묘종사에 적합하지 않다는 물론에 대한 해명 및 오현의 종사를 거듭 촉구하는 차원에서 추진되었다. 『소고공실기笑皐公實紀』에 따르면, 당시 소청이 차려진 곳은 선산이었고, 1604년 5월 20일 김윤안·박광선 등 유생 70명이 소를 받들고 상경하여 동년 6월 1일에 개진하였다. 이언적의 관료적 처신에 가장 비판적이었던 것이 조식⇨정인홍으로 이어지는 남명학파 계통의 학자들이고, 박광선 또한 이 학통의 핵심부에 위치했던 인물이다. 그럼에도 그는 이 상소의 기획 및 추진자로 활동하고 있다. 이 점에서도 그는 학문적 진영논리로부터 일정하게 벗어나 있었는데, 더욱 중요한 것은 그의 이러한 행위가 남명학에 대한 연원의식淵源意識의 약화를 의미하는 것은 결코 아니었다는 사실이다.

그의 학자관료적 균형감은 1620년에 사망한 정구의 애도시[挽寒岡鄭先生]에서도 잘 나타나 있다. 정구는 퇴계·남명 양문을 출입했던바, 학문적 계통에 따라 그를 바라보는 시각이 달랐다. 즉, 퇴계학파는 정구를 이황의 제자로, 남명학파는 조식의 제자로 여겨 연원적淵源的 비중점을 두는 것이 일반적 경향이었음에 반해 박광선은 정구의 학문형성에 미친 퇴계·남명학적 영향을 당연시하고 있다. 이는 무엇을 뜻하는가? 그가 세상을 편협한 시각으로 바라보는 것이 아니라 사실에 입각하여 공정하게 바라보고, 또 해석하려 했음을 의미한다.

1623년의 인조반정은 박광선의 인생을 완전히 바꾸어 놓았다. 그와 그 자질들은 정인홍 일파로 몰려 화망을 피해 갈 수 없었다. 장자 박종주는 대구로 압송되어 형을 당했고, 출계한 차자 종윤은 방답防踏으로 유배되었으며, 매부 오여은吳汝檼과 생질 오익환吳益煥 또한 각기 흥양興陽과 길주吉州에 정배되는 신세를 면치 못했다. 그 역시 은진으로 유배됨으로써 온 집안이 쑥대밭이 되었다고 해도 과언이 아니었다.

> 임성지任性之·김륜金崙·곽천호郭天豪·박광선朴光先·이효함李孝諴·홍경정洪景艇 등은 흉괴와 결탁하여 오래도록 대간과 시종의 자리를 점검하고 그의 지시를 떠받들면서 세력을 앞장서서 폐모론을 주창하며 그 일을 담당하였습니다.
>
> 『인조실록』「인조 1년 4월 29일(무자)」

그러나 그는 참혹한 가화 속에서도 굳건한 정신력으로 이를 버텨 냈고, 1625년 11월 회양에서 적거할 때는 조찬한趙纘韓과 함께 금강산을 유람키도 했다. 이 유람은 산수에 대한 애호뿐만 아니라 엄혹한 시대에 자신을 추스를 수 있는 동력을 확보하는 재충전의 과정으로 보는 것이 맞을 것 같은데, 그 세세한 내용은 일기 형식의 유람기인 「금강산일지金剛山日誌」에 자세하게 서술되어 있다.

이후 그는 1627년 방환되어 직첩까지 돌려받았으나, 1628년 다시 명천明川으로 귀양을 보내야 한다는 주장이 제기되는 등 갖은 곡절을 겪다가 1631년 조흥빈趙興賓이 고변한 홍성징洪聖澄 역모사건에 연루됨으로써 큰 위기에 봉착했다. 이에 서인들은 엄형을 주장했고, 인조는 그때마다 동정론에 입각하여 감싸는 등 사태 완화에 부심하였지만 끝내 조론朝論을 받아들이게 된다. 그 결과 그는 1631년 3월 21일 63세의 노령으로 당고개에서 비감한 최후를 맞았다.

4) 매헌梅軒 박창선朴昌先과 남고南皐 박응형朴應亨 : 학암가법鶴巖家法으로 도진문화桃津文華를 디자인하다

도진박씨 가운데 인조반정의 정치적 충격이 가장 적게 미친 것은 박일⇨박정번⇨박창선으로 이어지는 학암계통이었다. 박정번과 아들 박창선朴昌先(1578-1619)은 박광선과 숙질 및 종반從班의 척분이 있었지만 출계함으로써 연좌율의 적용을 받지 않았고, 무엇보다 이들은 당시 이미 사망한 상태라 참상을 목도하지 않았다. 비록 법적인 책임으로부터 벗어났지만 도진박씨를 휩쓸었던 풍파를 극복하고 일문 재건의 책무로부터 자유로울 수 없었던 인물은 박창선의 아들 박응형朴應衡(1605-1658)이다. 여기서는 박창선·응형 부자의 삶에 대해 좀더 자세하게 살펴보기로 한다.

박창선의 초명은 효선孝先, 자는 극술克述, 호는 매헌梅軒이다. 1578년 박정번과 현풍곽씨 사이에서 장자로 태어났다. 총명하고 재기가 출중한데다 효우와 충의의식 또한 남달랐던 그는 학암가법鶴巖家法의 계승자로 기대를 모았고, 1592년 임진왜란 때는

15세의 나이로 부친과 함께 곽재우 의진에 나아가 진중 사무를 총괄했을만큼 시무時務에도 뛰어난 역량을 보였다. 곽재우가 그에게 장무掌務의 직임을 맡긴 것은 재능과 식견뿐만 아니라 5촌간의 척분에 바탕하는 강한 신뢰감 때문이었다. 이런 노력과 기여의 결과 소년의 나이에 각종 창의록倡義錄 및 「화왕산동고록火旺山同苦錄」에 이름을 올리는 등 임진왜란사에 뚜렷한 족적을 남겼고, 전란 이후에는 선무원종공신宣武原從功臣 1등에 녹훈되는 영예가 따랐다.

그는 선비가의 자제였다. 전란 때는 견위수명見危授命의 선비정신을 실천하고, 그 위난이 종식되면 학업으로 전환하는 것이 선비에게 주어진 책무였다. 이때 그는 정인홍·정구 문하에 나아가 학업에 매진하여 23세 때인 1601년에는 생원시에 입격하였다. 조부 박일朴溢 대의 무관적 경향이 박정번 대에 이르러 문한文翰으로 전환하는 계기를 만들었다면, 그의 사마 입격은 '문한전통'을 더욱 공고히 하는 쾌거로 기억되었다.

그에게 주어진 역사적 시간은 결코 길지 않았지만 그의 학자적 삶의 양태는 매우 역동적이었다. 합천 야로에 가서 정인홍으로부터 경의학敬義學을 전수받는 한편으로 회연檜淵·무흘武屹·노곡蘆谷·사양정사泗陽精舍로 정구를 찾아가 심학心學 및 예학禮學의 지결을 묻고 배웠다. 이 과정에서 1612년에는 소북의 영수 유영경柳永慶을 축출하는 데 기여하여 이듬해인 1613년에는 정운원종공신定運原從功臣에 녹훈되기도 하였다.

그는 독실한 효자였다. 1608년 모부인 현풍곽씨가 사망하자 스승 정구에게 치상治喪의 절차를 품의하여 행함으로써 정情과 예禮를 다했고, 1611년 부친 박정번이 고종했을 때도 전상前喪과 같이 하였다. 이 점에서 그는 한강문하 굴지의 준재俊才이자 한강학의 독실한 계승자였다.

이제 그의 발월發越한 학문과 순독純篤한 행의가 하나의 자산이 되어 사림의 문풍 진작에 기여할 수 있는 단계가 되었을 때, 그는 고작 42세의 나이로 유명을 달리하여 가인家人을 애통하게 했고, 사림을 근심하게 했다. 하지만 그에게는 한 시대를 짊어지기에 부족함이 없는 준수한 두 아들이 있었기에 결코 박복하지만은 않았다.

박창선은 부인 경주이씨와의 사이에서 두 아들 응형應衡·응항應恒을 두었다. 각기 1605년생과 1614년생인 이들은 15세와 6세 때 아버지를 여의는 아픔을 겪었고, 그로부터 4년 뒤인 1623년에 인조반정이 발생하여 도진박씨 일문이 참상을 겪는 장면도 직접 지켜봐야 했다. 특히 장자였던 박응형은 일문을 대표했던 종숙과 재종형들이 형장의 이슬로 사라지거나 적객謫客의 신세로 전락하는 것을 보면서 엄청난 공포를 느꼈을 것이다. 도진을 향한 서인들의 사나운 경계의 눈빛과 삼엄한 통제는 19세 청년이 감당하기에는 너무도 벅찬 현실이었다.

1605년 도진에서 출생한 박응형은 타고난 자질이 총명했고, 조부 학암 선생 슬하에서 가학을 계승하여 7~8세 무렵에는 문리

文理를 깨칠 만큼 문예가 숙성했다. 13세에는 외부外傅 김성진金聲振을 사사하여 학문의 외연을 넓혔고, 15세 되던 1619년 친상을 당하자 3년 동안 시묘를 살며 효성을 다했다.

1621년 복을 벗자 예천 금곡金谷에 살던 외조 이광윤李光胤을 문안하는 한편 상주 매호촌梅湖村에 거주하던 이재頤齋 조우인曺友仁을 예방하는 등 사우 관계망을 확장하였다. 정경세의 문인이었던 조우인은 종조부 박정완의 종처남이었던 바, 양자 간에는 긴밀한 척분이 있었다. 이런 맥락에서 박응형은 매호에 우거하게 되었고, 인조반정이 일어나던 1623년 서애문인 정영후鄭榮後(1569–1641)의 딸을 아내로 맞은 다음 예천의 방곡方谷으로 이주하게 되었다. 이 혼인을 통해 박응형은 17세기 후반 영남학파의 영수 이현일李玄逸의 종질 이해李楷와 동서 간이 되었고, 이현일은 후일 박응형의 아들 박망지의 요청에 의해 박정번의 「학암박공묘표鶴巖朴公墓表」를 찬술하게 된다.

혼인은 재산상의 수혜를 수반했는데, 박응형이 도진으로 영구 귀환하기 한 해 전인 1656년 11월 정영후의 부인 조씨가 자녀들에게 상속한 분재기에 따르면, 박응형의 처는 3녀 자격으로 노비 9구, 전답 약 100마지기를 상속받았다.

방곡 이거는 도진으로 돌아올 수 없었던 현실적 상황과 무관치 않아 보인다. 이때부터 그는 퇴계학파권 인사들과 사우관계를 형성하며 학문적 성장을 기했는데, 경경세와의 사제관계는 그가 퇴계학통을 계승하는 계기가 되었다. 1626년 잠시 도진을 찾

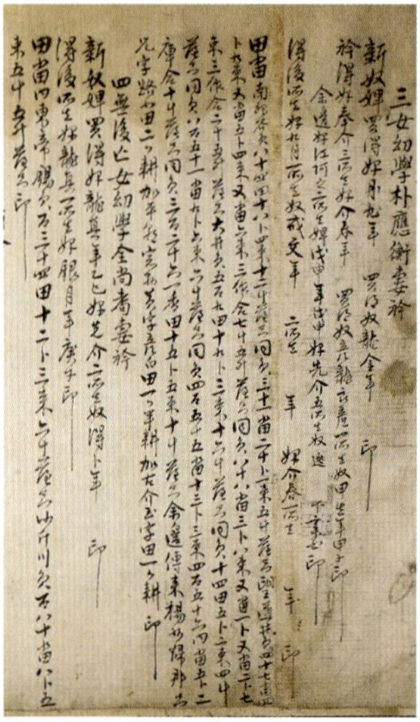

「1656년 정영후처조씨깃급문기鄭榮後妻趙氏衿給文記」

은 다음 다시 방곡으로 돌아왔고, 이언영李彦英·조정립曺挺立·류진柳袗·이환李煥 등 한강·서애문파 계통의 석학들과 학문적 교유를 지속했다.

인친의 정이 따스하고, 사우의 배려가 든든했지만 상주든 예천이든 타향이기는 마찬가지였고, 그에게는 언젠가는 돌아가야 할 고향 도진이 있었다. 학문의 여가에 향수에 사무칠 때면 고향 걸음을 마다하지 않았으니, 1628–1630년까지 매년 고향 방문을 거르지 않은 것도 이 때문이다. 그는 천생天生 도진 사람이었던 것이다.

홍성징洪聖澄 역모사건이 발생한 1631년은 도진박씨가 두 번째로 가화를 겪으면서 박광선朴光先·희집禧集 조손이 형을 받은 해였다. 역모 가담자의 공초에 그의 이름이 등장함으로써 화란의 불길한 조짐이 있었지만 의연하게 대처하여 자신의 무고함을 명료하게 해명함으로써 방면될 수 있었다.

이에 그는 방곡方谷으로 돌아와 우복문하를 왕래하며 더욱 학문에 매진하는 가운데 1632년 다시 도진을 방문했다가 회로에 합천현감에 재직 중이던 류진과 회합기도 했다. 류성룡의 아들로 여헌고제로도 일컬어지는 류진은 후일 병산서원屛山書院에 종향되어 서애학西厓學의 계승자로 인식되기에 이른다. 또한 그는 합천현감 재임 시 내암문인 무민당無悶堂 박인朴絪과 깊이 교유하며 퇴계학과 남명학 소통의 모범을 보이기도 했다. 류진, 박응형과의 교유도 위의 구도 속에서 바라볼 여지가 크다.

한편 박응형은 1632년 아우 박응항의 혼례에 더하여 남고정사南皐精舍가 낙성되는 경사를 맞았다. 박응항은 청주정씨 청풍자淸風子 정윤목鄭允穆의 사위가 되었는데, 정윤목은 퇴계·남명문인으로 선조 때 좌의정을 지낸 정탁鄭琢의 아들이었다. 아우가 상문相門의 여서女壻가 되었으니, 큰 경사가 아닐 수 없었다. 수산 새터[新基]에 건립된 남고정사는 박응형의 독립적 독서·휴양처라는 점에서 그의 학자적 인생에서 매우 중요한 의미를 갖는 공간이었다.

이 무렵 그는 이언영 등 인친들을 뵙는 정례情禮의 행보를 즐기다 1633년 6월 스승 정경세의 부음을 듣고 문인으로서의 예를 다하게 된다. 그에게 있어 정경세는 강좌 지역에서 학문활동을 할 수 있도록 지원·격려해 준 태산 같은 존재였기에 그 슬픔은 지극했다.

남고정

상사喪師의 시련 때문이었을까. 그는 이해 겨울 도진으로 환향하여 한동안 이곳에 머물다 다시금 류진 등과 『대학大學』을 강론하며 학문의 열정을 불태웠고, 1635년에는 '퇴계변무소退溪辨誣疏'에 참여하는 한편 정경세의 도남서원 배향 행사에도 참여했다. '퇴계변무소'는 이황이 상중에 아들을 낳았고, 그 아들의 이름을 '상동喪童'이라 했다는 서인들의 주장에 대한 퇴계학파의 대응 상소였다. 월천 조목 및 소고 박승임의 문인들이 주도했던 이 상소는 퇴계학의 권위 수호라는 측면에서 기획·추진되었는데, 박응형이 이 상소에 참여했다는 것은 그가 퇴계학파 주류로 편입되었음을 의미했다.

1636년과 1637년은 박응형에게 희비가 교차하는 해였다. 1636년 정월에는 모부인 경주이씨의 상을 당했고, 섣달에는 병자호란이라는 국난에 직면했으며, 1637년 윤4월에는 재종형 박종윤朴宗胤이 적거에서 방환되었고, 12월에는 태산 같은 의지처였던 외조 이광윤李光胤을 곡했기 때문이다. 연이은 상화喪禍와 국난 속에서도 박종형의 방환만큼은 손꼽아 기다리던 희소식이었다. 더구나 박종윤은 도진마을 죽연가竹淵家 종손이었기에 그 기쁨은 배가되었지만 축하의 편지만 보냈을 뿐 몸소 찾아가서 안부를 살피지 못한 것은 내내 죄스러움으로 남았다.

예천 우거에서 생활하는 동안 박응형의 학문은 더욱 깊어졌고, 사귐의 대상도 그 폭이 점차 확장되어 갔다. 1639년 한 귀빈이 그를 찾아왔다. 바로 예천현감 허한許僩인데, 동행자는 그 아들 허적許積이었다. 수령이 치하의 선비를 찾는 것은 지극한 예우의 표현과 다름없었다. 양천허씨 출신의 허한은 본디 서울 사람이었다. 1595–1597년까지 성주목사를 지낸 부친 허잠許潛을 시종하는 과정에서 한강문인이 된 인물이다.

> 공(許僩)은 일찍이 한강 선생의 문하에 종유從遊했고, 선생의 상에 글을 지어 치제하며 문인門人이라 칭했다.
>
> 鄭逑, 『寒岡全書』, 「檜淵及門錄」 卷3, 「許僩」

이런 맥락에서 그 아들은 정구의 처질 이서의 사위가 되었는데, 그와 동행했던 허적이 바로 그 아들이다. 후일 허적은 대동법大同法

시행의 주역 김육金堉이 인정하는 경제관료로 성장해, 숙종 초기 남인정권에서는 영의정으로서 국정을 총괄하게 된다.

지방관의 예방은 여기서 그치지 않았다. 허한의 방문에 뒤이어 경상감사 이명웅李命雄, 선산부사의 예방이 이어졌다. 이제 그는 감사가 주목하고, 지방관이 예우하는 존재로 격상되고 있었던 것이다.

1639년 가을 박응형은 오랜만에 성묘차 도진을 다녀왔고, 이듬해인 1640년에는 후일 자신을 계후하게 되는 조카 박망지朴望之가 출생하는 경사가 있었다. 태어나는 이가 있으면 사거死去하는 이가 생기는 것이 자연의 이치인 법이다. 1641년에는 자신을 그토록 아껴주었던 처부 정영후를 곡하고, 1644년에는 유일한 혈육이었던 아우 박응항과도 영결하는 슬픔이 있었다. 그런 슬픔 속에서도 그는 정경세의 손자 정도응을 비롯하여 이찬李燦·홍호洪鎬·성여송成汝松 등 서애·우복문하의 석학들과 학문적 교유를 강화하며 학자로서의 위상을 더욱 다져 나갔다.

박응형은 숭명배청의 의리에 철저했던 존주론자尊周論者였다. 특히 그는 1645년 명나라 수도가 함락되었다는 비보를 접하고는 청나라 달력을 물리치고 명나라 달력을 뜻하는 '숭정력崇禎曆'을 고집했을 만큼 존주의리에 철저했던 것이다.

이후 약 10년 동안 예천과 도진을 왕래하며 지내던 박응형은 1656년 조카 박망지를 아주신씨鵝洲申氏 장령 신홍망申弘望(1600–1673)의 따님과 혼례를 시켰고, 이듬해인 1657년 스승 정경세의 문집『우복집』의 교정을 마무리한 다음 중대한 결정을 내리게 된다.

그것은 도진으로의 귀환이었다. 종전까지의 도진 출입이 왕래의 성격이었다면, 이번의 것은 가족을 거느린 완전한 귀향을 의미했다. 『우복집愚伏集』의 교정을 마친 뒤에 이 결정을 내린 것은 힘든 시기에 자신을 받아 주고, 또 학자로 성장할 수 있도록 배려해 준 정경세와 강좌사림江左士林에 대한 사은의 마음 때문이었다. 이처럼 그는 예법을 알고, 의리의 지킴에 철저했던 지행합일의 선비였던 것이고, 이런 품성과 자질은 지조志操를 숭상하고 의리를 강조하는 풍토 위에 문향만동文香滿洞의 문운文運을 흥기시켰던 도진가학에서 배태된 것이었다.

그가 솔가하여 도진으로 향하던 1657년 10월 어느 날 강두江頭에는 100여 명의 선비가 모여 석별惜別의 눈물을 흘렸다고 하니, 어쩌면 그는 학學보다 덕德이 더 깊은 인물이었는지도 모를 일이다. 현철한 사람은 자신의 앞날을 내다볼 줄 아는 법이다. 환황의 명분이야 성묘省墓의 편의에 있었지만 그는 앞으로 살날이 많지 않음을 직감했던 것 같다. 객지의 혼魂이 될 수 없다는 생각, 그것이 도진 사람으로서의 강한 자의식自意識과 접목되어 36년 만에 꿈에 그리던 고향마을 도진으로 돌아왔던 것이다.

얼어붙은 강물은 환향의 여정을 더디게 했고, 스무날 만에 도진에 도착했을 때는 이질痢疾까지 겹쳐 건강은 더욱 악화되었다. 갖은 치료에도 병세는 호전되지 않았고, 마침내 고향으로 돌아온 지 약 1년째 되던 1658년 11월 21일 향년 54세로 생을 마감하였다.

그는 평생 은사를 자처하며 임하에서 학문에 전념하며 은인

박응형 묘소(박돈헌 제공)

자중했고, 어떤 사회적 감투도 쓰지 않았다. 그 정도의 학덕이면 족히 위촉되었을 법한 서원의 원임조차도 마다했다. 그는 자신을 드러내는 것을 극도로 자제하였고, 그것을 평생을 지속하였기에 하나의 미덕이 되었다. 드러나지 않는 것보다 더 드러나는 것이 없다. 세상 사람들은 그의 자중을 알았고, 겸양에 찬사를 보냈으며, 학문과 덕망을 부러워했다. 그는 숨었지만 그의 행의는 더욱 돋보였고, 그것은 도진에 사람이 있고, 또 미래가 있음을 알리는 전주곡과 같았다. 남고 박응형은 바로 그런 사람이었다. 이 점에서는 그는 도진박씨 재기의 밀알이자 등불과 같은 존재였다.

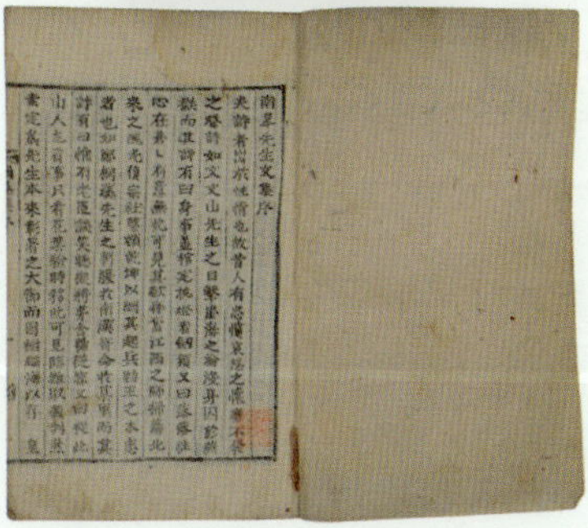

『남고집』(고령박씨 소윤공파 제공)

그의 선비적 삶의 자취는 문집인 『남고집南皐集』, 류진의 7세손 류후조柳厚祚(1798–1876)가 찬한 「행장行狀」, 정경세의 6세손 정종로鄭宗魯가 찬한 「묘갈명墓碣銘」, 5세손 박지국朴砥國이 찬한 「가장家狀」에 실려 낙강洛江의 물결처럼 도도하게 흐르고 있다.

박응형은 부인 동래정씨와의 사이에서 아들을 두지 못하고 딸만 둘이 있었다. 큰딸은 상주 출신의 서애문인 이전李坱의 손자 이재헌李在憲에게 출가했고, 둘째 딸은 창녕조씨 조하현曺夏賢에게 시집을 갔다. 조하현은 생가 종조부 박정완의 처부였던 조

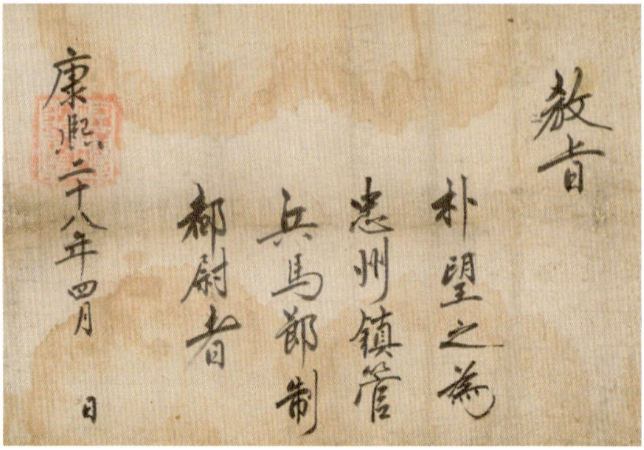
敎旨

朴望之爲

忠州鎭管

兵馬節制

都尉者

康熙二十八年四月 日

「박망지충주진관병마절제도위고신」(고령박씨 소윤공파 제공)

몽길曺夢吉의 현손이다.

아들이 없었기 때문에 입후가 불가피했지만 아우 박응형에게도 외아들인 박망지朴望之밖에 없었던바, 출계 및 입양에 어려움이 있었던 것 같다. 그렇다고 학암가통을 단절시킬 수는 없었기 때문에 박망지는 박응형을 계후한 다음 5자를 두었고, 그 가운데 3자 박세형을 생가로 보내 박응항의 가통을 잇게 했던 것이다.

박망지(1640–1718)는 숙종조에 연풍현감을 지냈는데, 재임 2개월 만에 선정비가 세워질 만큼 인애仁愛로써 백성을 대했다. 천성이 활달하고 효성이 지극했던 그는 부친 박응형이 수립한 치가의 강령을 착실히 계승하여 보가保家의 준칙으로 삼았다. 이런 노력의 결과 박일⇨박정번⇨박창선⇨박응형으로 이어지는 학암가문의 가법은 영남 유림사회의 부러움을 불러일으키기에 부족함이 없었고, 그 자손들 또한 그 정신을 면면히 계승하며 오늘에 이르고 있다.

5) 이우헌二憂軒 박종주朴宗胄와 박희집朴禧集·경전敬全
: 이들은 강상죄인綱常罪人인가 정변의 희생양인가?

박종주의 자는 언중彦仲, 호는 이우헌二憂軒이다. 아버지 박광선이 진사시에 입격하던 1591년에 출생하여 1623년 33세의 나이로 생을 마감한 비운의 인물이었다. 박택⇨박정완⇨박광선으로 이어지는 가통의 계승자였고, 1615년 25세의 나이로 문과에 합격한 수재였다. 이후 그는 설서·저작·수찬·정언·헌납·부교리·이조좌랑·이조정랑·겸문학·분승지를 거쳐 홍문관제학·도승지를 역임하는 등 약 7–8년간의 관직생활 대부분을 중앙에서 보냈다. 더구나 그는 한강고제이자 17세기 초반 영남남인의 구심점이었던 이언영李彦英의 사위라는 점에서도 관계에서의 비중이 높았다. 비록 연령 차이는 크지만 한강고제 이윤우李潤雨의 손자이자 숙종조 영남남인의 리더로 인식된 이원정李元禎은 그의 손아래 동서이기도 했다. 박종주 사후의 일이지만 1642년 이언영의 자녀들이 부모의 재산을 화회 분집한 「이두진남매화회문기李斗鎭男妹和會文記」에 따르면, 박종주는 처가 벽진이씨 완석정浣石亭 가문으로부터 상당한 분량의 노비와 토지를 상속받았다. 이때 박종주를 대신하여 분재에 참가한 이는 차자 박경전朴敬全이었다.

내암문인이었던 박종주는 학문적으로는 남명학파, 정치적으로는 북인을 표방했던 정통관료였다. 그는 약 10년 동안 관료로 활동하면서 크고 작은 국사의 결정에 참여하였지만 가장 비중이

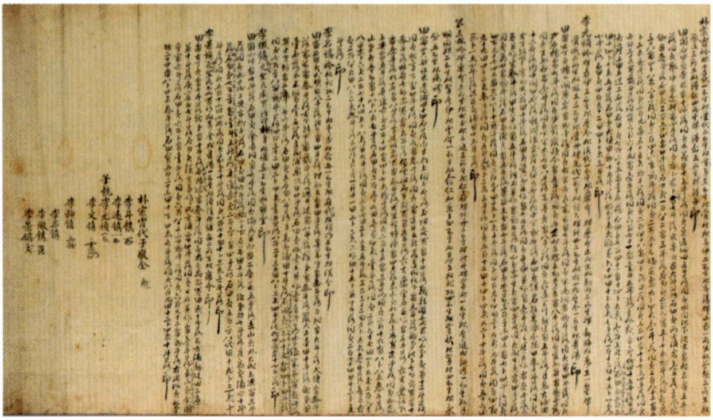

「1642년 이두진남매화회문기李斗鎭娚妹和會文記」

높은 사안은 인목대비에 대한 처분이었다. 당시 광해군과 대북정권의 최대 현안 가운데 하나는 선조의 계비 인목대비仁穆大妃에 대한 처분, 즉 '폐모론廢母論'이었다. 흔히 폐모론을 효孝의 훼손이라는 인륜적 관점에서 논단하여 폐모론 자체를 악惡으로 규정하는 인식이 지배적인 것이 사실이다. 그러나 이것은 어디까지나 인조반정의 주체인 서인계의 주장이라 할 수 있으며, 이에 대해서는 새로운 시각과 조명이 필요하다.

즉, 광해군 정권은 유교윤리의 양축인 충효忠孝 가운데 사적 영역의 효孝보다는 공적 영역인 충忠의 가치를 강조한 측면이 강했다. 전란 이후 국가 시스템을 정비해야 하는 시대적 상황이 이런 분위기의 조성에 영향을 미쳤던 것으로 파악된다. 또 광해군이 충을 강조했던 것은 왕권의 정통성에 대한 일종의 콤플렉스가 작용한 면이 없지 않았던바, 이런 정치적 환경 속에서 1617년 폐모론이 추진되었고, 박종주 또한 부친 박광선, 아우 박종윤과 함께 그 노선에 적극 동참했던 것이다. 1617년 11월 25일 사간원 정언 재직 시 폐비론에 소극적인 영의정 기자헌을 비판하는 대열에 선 것은 그 단적인 예라 하겠다.

> 대사헌 이병李覺 … 헌납 조정립曺挺立, 정언 박종주朴宗胄·이강李茳이 합사하여 아뢰기를, "영의정 기자헌은 성품이 음흉하고 마음이 간사하며 행동이 짐승 같아서 삼강 오상을 더럽히고 있습니다. 인척의 세력을 빙자하여 정승 자리를 훔쳐 차지하고 있으면서 추악하고 음험한 행동을 평소의 잘하는 일로 삼았습니다. 사람을 해치고 사물을 해롭게 한 일이 한도 끝도 없었으며 벼슬을 얻기 전에는 얻기 위하여 고심하고 얻고 나서는 잃을까 고심하여 못하는 짓이 없이 하면서도, 조종과 선왕의 무함에 대해서는 사실대로 변론하려 하지 않았으며 흉측한 격문을 화살에 달아 투척하는 변고가 발생했을 때에는 임금을 버리고 도망쳤으니, 신하로서의 의리가 여기에 이르러 완전히 소멸된 것입니다. 그러니 수많은 죄악을 들자면 머리털을 뽑아 세어도 다 셀 수가 없습니다."
>
> 『광해군일기』「광해군 9년 11월 25일(병술)」

이후 1618년 1월에도 인목대비를 속히 폐출할 것을 청하는 등 강경한 태도를 견지하였는데, 아래 기사는 그가 왜 이 논의에 강경론적 대응을 하게 되었는지에 대한 해명으로 읽힌다.

> "신이 비록 우매하여 사리를 잘 알지 못한다 하더라도 임금을 섬기는 도리를 일찍이 사우師友에게서 들었고 역적을 토벌하는 의리를 일찍이 『춘추』

에서 배웠으며, 대론을 시종일관 담당한 것도 실로 신이었습니다. 따라서 요망한 유자儒者가 뭐라고 말을 많이 하든 같이 따질 것은 없겠습니다만, 언관의 지위에 있는 신분으로서 갖은 모욕을 당했으니 신의 직을 체척하도록 명하소서."라고 하니, 사직하지 말라고 답하였다. 물러가 물론을 기다렸다.

『광해군일기』「광해군 10년 4월 21일(경술)」

즉, 그에게 있어 폐모는 사우에게서 배운 충忠의 실천이자 춘추대의春秋大義의 구현의 과정이었다. 여기서의 사우는 누구인가? 이에 대해서는 아래의 기사가 그 답을 내리고 있다.

사간원이 아뢰기를, "헌납 박종주가 인피하고 물러갔습니다. 종주는 쇠처럼 굳세고 옥처럼 깨끗한 사람으로서 다른 뜻이 전혀 없습니다. 어려서부터 현상賢相(鄭仁弘)의 문하에서 수업하여 언행이 아름다웠으므로 평소 마을에서 칭찬이 자자하였습니다. 그러다가 벼슬길에 올라서서는 청직清職의 반열을 많이 거치면서 늘 안빈安貧과 근신謹身으로 자임하였으므로, 관직에 몸을 담고 일을 처리하는 데에 조금도 잘못됨이 없었습니다."라고 했다.

『광해군일기』「광해군 10년 4월 23일(임자)」

이에 따르면, 박종주의 정치적 행위는 조식⇨정인홍으로 이어지는 의리정신義理情神의 실천이라는 구도 속에서 이해할 수 있는 여지가 발생하는 것이다. 이런 요소들에 대한 이해 없이 폐모론을 오로지 패륜적 행위로만 규정하는 것은 역사서술의 공정성을 훼손하는 것이라 할 수 있다.

그럼에도 박광선·박종주 등 도진박씨 일문의 정치적 행보에

애정 어린 우려를 표하는 시선이 없지 않았다. 그 대표적인 인물은 박종주의 처부 이언영李彦英이었다. 아래는 1621년 이언영이 박광선에게 보낸 서간이다. 내용의 중요성을 고려하여 글이 좀 길지만 전문을 소개하면 다음과 같다.

어이 돌아오지 않습니까. 어이 돌아오지 않습니까. 어목정漁牧亭 아래 모래톱에 흰 새가 날아 모이고 비단 물고기도 헤엄을 칩니다. 아! 극무克懋여, 어이 돌아오지 않습니까. 어이 돌아오지 않습니까. 맏손자는 뛰어난 재주가 겉으로 드러나고 둘째 손자는 문리가 났습니다. 백발의 극무여, 어이 돌아오지 않습니까. 어이 돌아오지 않습니까. 그칠 줄 알면 욕되지 않고 만족할 줄 알면 위태롭지 않습니다. 오래 머무는 새는 화살을 맞고 먹이를 탐하는 물고기는 낚싯바늘에 걸리고 맙니다. 부질없는데 어이 늦추십니까. 어이 돌아오지 않습니까. 어이 돌아오지 않습니까. 시비是非가 갈라지는 자리는 어리석거나 지혜롭거나 모두 알고, 화복禍福은 따로 들어오는 문이 없어서 오직 사람이 불러들이니, 돌아오라고 말하는 것입니다. 아! 극무여, 어이 돌아오지 않습니까. 어이 돌아오지 않습니까. 상채上蔡의 누렁이를 가지고 탄식해도 소용이 없으며 강동江東으로 돌아오는 배에도 즐거움이 그 속에 있는데, 유독 귀가 없단 말입니까. 아! 극무여, 어이 돌아오지 않습니까. 어이 돌아오지 않습니까. 서글프게 사립문 앞에 서서 우두커니 기다리건만, 속세를 떠도는 사람은 미혹되어 돌아올 줄 모릅니다. 극무여, 극무여, 어이 돌아오지 않습니까. 어이 돌아오지 않습니까. 두 아들을 데리고 빨리 돌아오십시오. 지난 일은 그만이지만 앞으로 오는 것은 혹 바로잡을 수 있습니다. '현명하고 사리 깊어 그 몸을 보존한다.'라는 선정先正의 가르침이 있습니다. 아! 극무여, 어이 돌아오지 않습니까. 어이 돌아오지 않습니까.

李彦英, 『浣亭集』 卷2, 「與朴光先克懋」

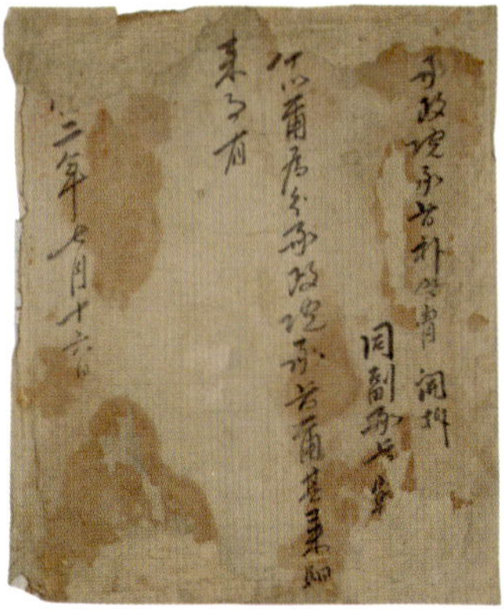

박종주 승지 재직 시 상경을 종용하는 유지(고령박씨 소윤공파 제공)

이언영이 이 편지를 보낸 것은 사위 박종주에 대한 염려의 마음 때문이었을 것이다. 이언영도 한때는 정인홍의 문하를 출입한 인물이었다. 하지만 그는 폐모론에는 동참하지 않았고, 정치적 노선에 있어서도 남인을 표방하고 있었다. 따라서 관찰자적 입장에서 박광선·종주 등의 행보를 지켜볼 수 있었고, 그들을 향한 서인·남인계 관료들의 비판 내지 혐오적 시선도 체감했음이 분명했다. 그것은 무어라 형언할 수 없는 공포로 다가왔을 것이다. 편지의 수신자는 박광선이지만 정작 그가 메시지를 전하고 싶었던 대상은 자신의 딸과 운명공동체인 사위 박종주였을 것이다. 더 이상 세사世事에 관여하지 말고 고향 도진의 어목정漁牧亭으로 돌아와 한거閑居할 것을 권유하는 이언영의 어조는 곡진하다 못해 애잔하다.

하지만 이 편지로도 자신의 학자·관료적 신념에 따라 처신했던 박광선 부자를 설득하지는 못했고, 이로부터 2년 뒤인 1623년에 인조반정이 발발하면서 도진박씨는 상설의 시련을 겪게 된다. 이 과정에서 박종주가 직면해야 했던 운명은 정해진 수순대로 진행되었다. 1623년 4월 박종주가 한창 대간의 탄핵을 받게 되자 사태의 심각성을 직감한 이언영은 다음과 같은 편지를 보내 사위와 영결했다.

> 나의 전처가 딸 한 명만 남겨서 짝을 가릴 적에 오직 오복五福의 하나만 바랐었다. 그러나 사위가 결국 이 지경이 되었으니, 아픔을 견딜 수 있겠느냐.
>
> 李彦英, 『浣亭集』 卷6, 「年譜(1623)」

박종주는 부인 벽진이씨와의 사이에서 박희집朴禧集·경집慶集(敬全으로 개명) 두 아들을 두었다. 각기 1607년생과 1612년생인 이들은 청소년기인 10대에 조부 및 부친이 사망 또는 유배되는 참혹한 가화를 몸소 겪었다. 이때의 기억은 좀처럼 치유될 수 없는 깊은 상처가 되어 평생토록 그들을 괴롭혔다.

특히 장자 박희집에게 인조반정의 소용돌이는 상처를 넘어 분노와 증오의 장면으로 착상되었다. 어려서부터 재능이 출중하여 집안은 물론 외조 이언영으로부터 사랑과 기대를 한몸에 받았지만 정변의 격랑은 그가 가진 모든 것을 앗아 갔다.

> 외손자 박희집 시에 차운하다
>
> 동남의 빼어난 풍경을 품은 고향, 形勝東南是故鄕

풍류와 문채 즐거움이 한창 펴지네. 風流文彩樂方張
색동옷의 훌륭한 뜻 금솥에 넘치고, 斑斕榮旨滋金鼎
뛰어난 시편은 옥잔에 어리네. 錦繡瓊琚映玉觴
약한 줄로 배를 끌어 잔물결 깔리고, 弱纜牽船簟浪細
엷은 구름 비를 뿌려 실안개 펴지네. 薄雲篩雨縷煙長
늙은이 잔을 잡고 결국 무엇 축원하랴, 白頭執酌終何祝
대대로 유안이 바로 긍당이란다. 世世遺安乃肯堂

李彦英, 『浣亭集』 卷1, 「次外孫朴喜集」

인조반정 당시 그는 지리산으로 피신하여 성명을 보전한 다음 정치부심의 나날을 보내다 정치적 설원을 모색하게 되었다. 그 설원은 광해군의 1631년 복위운동으로 구체화되었으나 끝내 그 뜻을 이루지는 못했다. 복위운동은 앞에서 언급한 '홍성징洪聖澄 역모사건'으로 낙인되어 무수한 인사들이 희생으로 이어졌고, 그 또한 동년 3월 11일 25세의 나이로 형을 당하게 된다. 광해군 복위운동 가담의 여파는 목숨을 내놓는 것에 그치지 않았다. 그가 사망하던 다음 날인 동월 12일 삼엄한 연좌율이 적용되었고, 가산은 적몰되어 지난날의 영화가 물거품이 되었다.

의금부가 아뢰기를, "역적 박희집朴禧集이 이미 처형되었으니, 연좌와 적몰을 행하고 집을 헐어 못으로 만들고 그 수령을 파직하고 읍호를 강등하는 등의 일을 율문대로 거행하도록 승전을 받들어 시행하는 것이 어떻겠습니까?"라고 하니, 아뢴 대로 하라고 답하였다.

『승정원일기』 「인조 9년 3월 12일(병술)」

설상가상으로 동월 21일 마지막 의지처였던 박광선마저 형을 당함으로써 도진마을 낙락당가樂樂堂家에는 암운이 짙게 드리웠다. 그나마 아우 박경전朴敬全이 생존하여 가업을 잇게 된 것은 조상의 음덕이자 하늘의 도움이었다.

전술한 것처럼 1642년 박경집은 아버지 박종주를 대신하여 외조의 자산을 상속받아 재기의 발판을 마련할 수 있었고, 그 자손들 또한 명가의 저력을 발휘하여 박택⇨박정완⇨박광선⇨박종주⇨박경선으로 이어지는 낙락당가의 가법과 전통을 서서히 회복해 갔다. 그런 흐름을 이끈 인물은 박종주의 손자 박성기朴聖基(1640–1709), 증손 박태중朴泰重(1677–1729), 5세손 박사문朴師文(1717–1768), 박사준朴士俊(1727–1790), 박사호朴士灝(1730–1799), 박사연朴師淵, 박사훈朴師勛(1734–1785) 등이었다. 특히 박사훈 계통은 아들 박취환朴就煥(1759–1820), 손자 박문현朴文顯(1782–1855), 증손 박원식朴元植(1807–1872), 현손 박정민朴正玟(1847–1918)에 이르기까지 학식과 문한을 세전하는 가운데 행의 또한 뛰어나 일문을 대표할 만한 위치에 있었다. 이들의 행의行誼 가운데 공통점은 청렴·효성 그리고 지기志氣의 준정峻正함인데, 특히 준정했던 지기는 낙락당가도樂樂堂家道의 면면한 계승이라는 점에서 예사롭지 않아 보인다.

2 강거문화江居文化와 도진

: 낙강洛江에서 이룬 자연과 인간의 합일

도진마을은 강거에 바탕한 누정문화의 정수를 보여 준다. 그것은 천혜의 자연환경인 낙동강과의 근접성에 따른 혜택이자 축복이었다. 16세기 중엽 이후 사림의 성장과 더불어 낙강은 '강'이라는 자연환경을 넘어 사림의 학술·문화의 거점으로 기능하기 시작했다. 16–17세기에 형성, 발전했던 영남학파도 낙강의 물줄기와 매우 긴밀한 관계를 가지고 있었다. 예컨대, 퇴계학파는 상류 예안과 안동을 중심으로 배태된 것이었고, 풍산·상주 등 중상류 연안을 거점으로 하는 서애·우복학파나 인동–성주에 이르는 중류 지역을 아우른 한려학파寒旅學派도 그 연장선상에 있었다. 특히, 한강학파는 성주·칠곡·대구 일대는 물론 현풍·고령·영산·창녕·함안 등 낙강 중하류 지역을 포괄했다는 점에서 '강문화'와의 연관성이 가장 깊은 학파였다.

강은 인간이 왕래하고, 물산이 유통되는 소통의 공간이다. 육로 이동에 제약이 따르던 전통시대에 있어 강은 조세가 운반되고, 상선이 드나드는 삶의 현장이었으며 많은 사람들이 여기서 정보를 수렴 또는 퍼트리면서 문화를 만들어갔다. 더구나 강은 수려한 주변 환경과 어우러져 학술문화 활동 및 휴양의 공간으로서는 최상의 조건을 갖추고 있었다. 낙강 연안의 사림들이 일찍부터 계거溪居 또는 강거江居 문화를 만들어 갈 수 있는 배경도 여기에 있었다. 이황의 도산서당陶山書堂, 조목의 월천서당月川書堂, 류성룡의 옥연정사玉淵精舍, 장현광의 부지암정사不知巖精舍, 정구의 사양정사泗陽精舍 등은 모두 강거문화의 소산들이었다.

이런 전통은 서원의 입지에도 영향을 미쳐 도산서원陶山書院(예안), 역동서원易東書院(예안), 호계서원虎溪書院(안동), 병산서원屛山書院(안동), 도남서원道南書院(상주), 동락서원東洛書院(인동), 사양서원泗陽書院(칠곡), 도동서원道東書院(현풍) 등 영남 지역 핵심 원우의 대다수가 낙강 연안에 위치하였다

강문화의 발달은 자연히 누정문화樓亭文化를 꽃피웠다. 그리하여 조선시대만 해도 예안에서 김해에 이르는 낙강 연안에는 자연경관과 조화를 이룬 수려한 누정들이 흥폐를 반복하며 낙강의 격을 한 단계 높여 주었다.

16세기 중엽의 학자·관료였던 주세붕周世鵬(1495-1554)은 「남수

정기攬秀亭記」에서 낙강 및 낙강으로 유입되는 5대 지강支江의 대표적 누정으로서 칠원의 매포루買浦樓·경양대景釀臺, 선산의 월파정月波亭, 상주의 황가정黃家亭·광수루觀水樓·한연당閒燕堂, 양산의 임경대臨鏡臺, 김해의 열친정悅親亭, 의령의 십완당十玩堂, 진주의 명홍정冥鴻亭·촉석루矗石樓, 산음의 환아정換鵝亭, 영천의 명원루明遠樓, 안동의 영호루映湖樓, 밀양의 영남루嶺南樓, 양산의 쌍벽루雙碧樓 등을 꼽았다.

하지만 낙강의 누정문화는 여기에 국한되지 않고, 17세기 이후에 더욱 발전하였다. 전술한 도산서당, 월천서당, 옥연정사, 부지암정사, 사양정사 등은 낙강 연안의 학술·문화공간을 대표하는 존재들이었고, 특히 안동 하회의 옥연정사는 안음의 수승대搜勝臺, 단양의 구담龜潭과 더불어 호령湖嶺의 3대 가거처可居處 중에서도 으뜸으로 꼽힐 만큼 수려한 입지와 경관을 자랑하였다. 이 밖에 예안의 애일당愛日堂, 탁청정濯淸亭, 고산정孤山亭, 안동의 귀래정歸來亭·반구정伴鷗亭·석문정石門亭, 선산의 영귀정詠歸亭·매학정梅鶴亭, 대구의 하목정霞牧亭·부강정浮江亭·영파정暎波亭, 고령의 죽연정竹淵亭·어목정漁牧亭·부래정浮來亭·학암정鶴巖亭, 영산의 창암정蒼巖亭·합강정合江亭, 칠원의 상봉정翔鳳亭, 함안의 반구정伴鷗亭 등도 17세기 영남의 누정문화에서 빼놓을 수 없는 명정名亭들이다.

누정은 학술문화적 기호와 취향만으로 조성될 수 없다. 반드시 따라야 하는 것이 경제력인데, 과거 현풍의 논실[沓谷]에서 고령 도진에 이르는 강안의 요로를 점유하고 있었던 도진박씨들은

죽연정사

죽연정사 현판

죽연정사

풍부한 경제력과 천혜의 자연환경을 잘 조화시켜 어디에도 손색이 없는 누정문화를 꽃피웠다. 16-17세기에는 한 마을에만 죽연정竹淵亭·어목정漁牧亭·부래정浮來亭·학암정鶴巖亭 등의 명정이 즐비하였으니, 이들이야말로 조선의 사림문화를 이끈 문명인文明人들이라 할 수 있을 것이다. 여기에 박택의 낙락당樂樂堂, 박종주의 이우헌二憂軒까지 더하면 그 범주는 더욱 확장될 수 있다.

도진마을 누정문화의 선두 주자는 박윤의 죽연정이었다. 현재 남아 있는 죽연정사는 1939년 새로이 지은 것인데, 당초에는 소박하면서도 품격을 지닌 목루각木樓閣 형태였다고 한다. 도진마을 앞 냇가에 위치했던 죽연정은 박윤이 독서·저술 및 휴양하던 공간이었다. 정자 뒤로는 선비를 상징하는 대숲이 울창했고, 앞에는 호수가 있었다. 그 호수 위로 청룡산과 소학산巢鶴山의 그림자가 흰 구름과 함께 배회하고, 물고기가 유영遊泳할 때면 천하에 이보다 더한 승경勝景이 없었다. 오죽하면 이 경관을 두고 '소동정호小洞庭湖'란 예칭이 붙었을까 싶다.

죽연정은 개인적인 학문 및 휴양의 공간을 넘어섰다. 그것은 정자를 소유했던 인간의 품격 때문이었다. 박윤은 뛰어난 학식과 문장 그리고 곧은 행실을 바탕으로 남도 유수의 석학들과 광범위한 교유관계를 맺고 있었다. 그가 소유했던 죽연정의 아름다운 정취는 그 시대 엘리트들의 방문 욕구를 자극하기에 충분했고, 당대의 거장들이 앞다투어 도진으로 와서 죽연정에 올랐다. 앞에서도 잠시 언급한 바 있는 남명南冥 조식曺植, 낙천洛川 배신裵紳, 송계松溪 신계성申季誠, 황강黃江 이희안李希顔 및 같은 고령 출신의 월오月塢 윤규尹奎가 바로 그들이었다. 죽연정의 아름다운 경치는 정주亭主의 인격과 어우러져 귀빈들을 매료시켰다.

그러나 이 귀빈들은 음풍농월吟風弄月의 시문이나 매만지는 번유凡儒가 아니었다. 그들은 도의道義를 강마하며 참된 학문의 가치와 방향에 대해 심도 높은 논의를 펼쳤으며, 나라가 안정되고 백성들이 편안한 삶을 누리기 위해 지식인들이 어떤 노력을 기울여야 하는지를 토론했다. 이 점에서 죽연정은 16세기 조선을 대표하는 학술공간이자 애민愛民의 방략이 모색된 '경세經世의 공간'이었다.

그렇다고 아름다운 자연에 대한 정회, 준수한 인간에 대한 격려가 빠질 수는 없는 법인데, 조식의 시가 단연 돋보인다. 조식의 시는 윤규尹奎의 시를 차운한 것이 주류를 이루는데, 이는 윤규가 죽연정에 귀빈이 올 때마다 동석했음을 의미한다.

죽연정에서 문로의 운에 따라

가야산 물이 멀리 백 리를 흘러오니, 倻水遙從百里流
낙동강 물의 신은 너와 더불어 깊고 그윽하도다. 洛神還與女深幽
이리저리 어지러운 것 같은 건 은어 갇힌 그물이요, 參差亂羽銀魚罶
높게 낮게 나는 실 같은 건 아지랑이 하늘거리는 것. 高下飛絲野馬遊
허연 머리에 이끼 깊어 세월이 많이 흘렀고, 鶴寺苔深多歲月
가시나무 꽃 향기 나니 나이 젊다네. 荊花香發少春秋
늙어 자연 속에서 살다 보니 이익에 깨끗하여, 老來泉石廉於利
소식이나 황정견처럼 열흘 동안 머물지 못한다네. 未作騷荒十日留

경상대 남명학연구소 편역, 『국역교감남명집』 90쪽

죽연정에서 진사 윤규의 시운에 따라서

장강 흐르는 한은 정히 깊디깊은데, 長江流恨政沈沈
회포를 일찍이 거문고에 올린 적이 있었던가. 若可消憂盡可斟
해오라비는 응당 서리 맞으며 자겠지, 沙鷗定應霜下宿
들녘 안개 속에 그 마음 알 수가 없네. 野烟無以認渠心

경상대 남명학연구소 편역, 『국역교감남명집』 84쪽

그렇다면 윤규는 도대체 어떤 인물이었기에 박윤이 그토록 친애했고, 조식이 또 이토록 칭찬했는가? 1500년생인 윤규는 조식과 동갑내기 벗이었다. 고령 출신으로 본관이 파평인 그는 증조부가 사간원정언을 지냈을 뿐 선대의 환력이 혁혁하지는 않았고, 그 또한 1531년 진사시에 입격한 뒤로는 세사를 단념하고 향리에서 자연과 더불어 자적했던 처사형 인물이었다. 무엇보다 그는 가난했지만 예를 알았고, 도가 아니면 어떤 것도 취하지 않았던 엄정한 인품의 소유자이기도 했다.

> 도의가 아니면 지푸라기 하나도 남에게서 취하지 않았으니 이것은 옛사람이 발두렁에서 즐기던 것이었다. … 천성이 산수를 좋아하여 좋은 날에는 벗을 청하여 거문고와 시로 회포를 풀었으니 바로 옛사람이 관을 쓴 사람들과 아이들을 데리고 기수에서 목욕하고 노래하면서 돌아오는 정취이다. 공은 도를 갖춘 사람이라 기운을 뽐내며 스스로 잘난 척한 다음에 바야흐로 군자의 도를 행할 필요가 없었다.
>
> 鄭仁弘, 『來庵集』 卷13, 「進士尹公墓表」

바로 이런 면모로 인해 조식으로부터 강한 신뢰와 존중을 입었는데, 아래 시에는 그런 정서가 너무도 살갑게 표현되어 있다.

죽연정에서 진사 윤규에게 주다

문로의 재주와 명성 일류인데,	文老才名第一流
전날 터 잡아 지은 집 깊고도 그윽하다.	從前卜築更深幽

천성이 자연을 즐겨 깃들어 숨을 만하고,	性耽泉石堪棲隱
몸은 관복을 싫어하여 벼슬살이하지 않네.	身厭簪紳不宦遊
꿈속에서 찾아가고자 해도 중간의 길 모르겠고,	魂夢欲尋迷半路
편지 전하기 어려워 삼 년이나 소식 몰랐지.	書筒難遞隔三秋
명리의 마당에서 묵은 빚 이제 모두 던져 버렸지만,	名場宿債今抛盡
늘그막의 세월은 또한 멈추질 않는구나.	老境光陰亦不留

경상대 남명학연구소 편역, 『국역교감남명집』 90쪽

윤규를 죽연정의 일상적인 나들이객 정도로 치부하면 곤란하다. 그는 뛰어난 학식과 문장 및 고아한 품성으로 박윤의 자질들을 가르친 교육자이기도 했다. 박윤은 참으로 안목이 높은 선비였고, 윤규와 같은 선사善士와의 교유를 통해 자신의 일상을 멋스럽게 디자인함은 물론 그를 통해 집안의 지식문화적 수준까지 고양시켰던 것이다.

이 과정에서 박정벽·정완·정번 등 박윤의 자질들이 윤규의 가르침을 입었을 것으로 짐작되는데, 특히 사승의식이 각별했던 인물은 박정번이었다. 윤규의 졸년인 1560년은 박정번의 나이 11세 되던 해이다. 따라서 수학기간은 그리 길지 않았음에도 사은만큼은 자못 깊었던 것이다. 즉, 박정번은 정인홍·정구 문하를 출입하기 전에 윤규로부터 학문적 근기根基를 익혔고, 그때 입은 은혜를 가슴 깊이 담아 두었다가 만년에 이르러 윤규의 현양론을 불지폈던 것이다. 박정번이 못다 이룬 현양론은 조카 박광선을 통해 완수되었으니, 도진박씨는 은혜와 의리를 아는 선비들의 혈연공동체였음이 더욱 분명해진다.

> 향인 박정번朴廷璠이 공의 문인으로, 고을 사람들과 함께 묘표를 세우기로 의논하니 사람들의 의견이 모두 같았다. 일을 이루지 못하고 박정번이 뒤를 이어 죽자 그의 조카 정언 박광선朴光先이 그 일을 이어받아 힘을 다해 주선하여 마쳤다.

윤규에 대한 현양론은 여기서 그치지 않았다. 도진박씨들은 1696년 문연서원을 건립하여 박택·윤규·박정번을 합사함으로써 그 대미를 장식하게 된다.

죽연정이 도진마을 경내에 위치하였다면 박정완의 어목정은 낙동강변에 소재한 강정江亭이었다. 당초 어목정은 산수와 더불어 자적하고자 했던 선비의 이상적理想的 공간으로 건립되었지만 임진왜란 때는 왜선의 왕래를 정탐하여 공격하는 국난극복의 망루와 같은 역할을 하였으니, 어목정은 문화공간인 동시에 충의공간이었다. 어목정은 임진왜란의 소용돌이도 피해 갔고, 1600년대 초반에는 한려학인寒旅學人들의 주유舟遊 및 아회雅會의 거점으로 선호되면서 그 명성을 더하게 된다. 특히 1622년 중국 사신 맹양지孟養志가 기문記文을 찬술하면서 조선의 명정名亭에서 천하명정의 반열에 들게 된다. 천하 명정이라 한 것은 그 규모나 주변경관이 아닌 그 정자가 가진 인문적 기능과 가치 때문이다.

맹양지는 조선 측에 식량 및 군수물자를 독촉하는 독향사督餉使 임무를 띄고 1622년 11월 7일에 조선으로 왔고, 이때 접반

어목정 유허지(박돈헌 제공)

사接伴使 역할을 맡은 사람이 박광선朴光先이었다. 박광선은 접반 임무를 수행하는 과정에서 맹양지와 친분이 생기면서 아버지의 정자인 어목정과 자신의 집인 이우당二憂堂의 기문을 함께 청했던 것이다. 물론 맹양지는 도진을 방문하지 않았고, 그 기문은 오로지 박광선의 전언에 바탕하여 찬술되었다.

맹양지는 「어목정기」에서 박정완을 '마음속으로 경색景色을 드러내지 않으면서도 경색과 함께할 수 있는 인물'로 표현했다. 박정완이 함유하고 있었던 원대한 포부와 굉활宏濶한 식견을 이렇게 평가했던 것이다. 나아가 어목정은 명화名花, 이초異草, 괴석怪石,

기송奇松 주변의 초목草木과 천석泉石까지도 빛을 더하게 하는 공간으로 묘사했다. 무엇보다 「어목정기」의 백미는 자연스러움과 여유로움에 있었다. 강요되거나 통제되지 않은 여유와 자연스러움은 흡사 유학의 종지宗旨 가운데 하나인 '연비어약鳶飛魚躍'의 경지를 방불케 했고, 그것의 주재자가 바로 박정완이었던 것이다. 탈속한 성정으로 자연과 더불어 욕심 없이 살았던 박정완의 내면 세계를 이보다 더 질실하게 표현한 글은 어디에도 없다.

한편 살림살이가 유족했던 박정번은 주거 외에 두 채의 정자를 보유하고 있었다. 학암정鶴巖亭·부래정浮來亭이 그것이다. 정자는 학문·독서처인 동시에 휴식과 접빈의 공간이었기에 박정번은 누구보다 풍족한 학술문화공간을 갖추고 있었다. 특히 학암정은 스승 정구가 석조공사를 감독할 만큼 갖은 정성을 다해 지은 정자였다. 정구는 학문이 당대 최고였을 뿐만 아니라 외증조 김굉필의 제향처 현풍 도동서원道東書院의 건립을 사실상 주관하는 등 건축전문가로서도 손색없는 조예와 식견을 가진 인물이었다.

또한 박정번은 문연 가에 서실을 짓고 향리 자제들의 강습소로 제공하는 등 교육사업에도 만전을 기했다. 특히 이현일은 두 정자 및 서재의 기능과 용도를 이렇게 기술하고 있다.

> 일찍이 야천倻川과 낙수洛水 사이에 정사亭舍 둘을 짓고서 학암鶴巖과 부래浮來라고 이름하고는 그곳에서 쉬면서 유연悠然히 자득하는 의취意趣가 있었다. 때로 시인묵객詩人墨客들과 음풍농월吟風弄月하며 흥을 즐겼고, 또 문연文淵 가에 서실書室을 짓고서 향리의 뛰어난 자제들을 모아서 그들과 강습하고

부래정

부래정 현판

부래정

「부래정기」

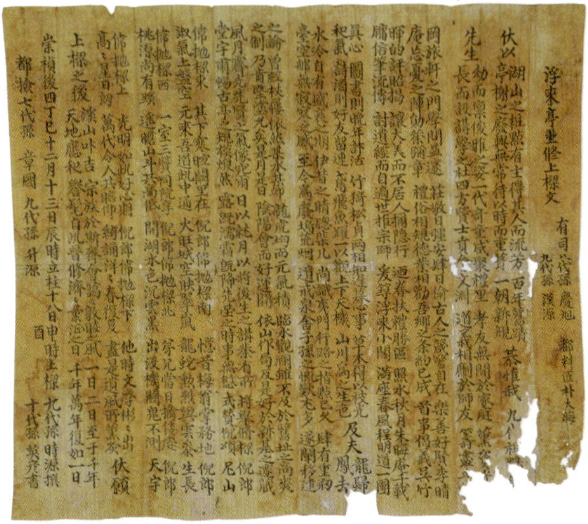
浮來亭重修上樑文

「부래정중수상량문」(1857)

토론하고 어버이를 섬기고 어른을 공경하는 도리를 강조하니, 그 고장 안에서 따라서 감화된 자가 많았다.

이현일, 『갈암집』 별집 권4, 「학암박공행장」

경향의 내로라하는 명사들이 어목정·학암정·부래정을 방문했겠지만 이들 누정의 격조를 정구보다 더 의미롭게 고양시켜 준 이는 많지 않다. 앞서 정구가 도진으로 와서 학암정에서 묵은 일을 언급하였지만 도진 땅에 미친 정구의 족적은 거기서 그치지 않는다. 1605년 한강고제 서사원徐思遠·박정번朴廷璠의 주관하에 이루어진 한강학파의 '을사주유乙巳舟遊'의 출발지가 도진마을의 어목정이라는 점도 예사롭지 않은 장면으로 포착된다.

만력 33년 을사년 봄. 한강 선생께서 칠곡과 대곡 등지에 있는 선대 묘소에 성묘할 일이 있어 고령의 어목정 아래에서 배를 빌렸다. … 3월 6일. 출발 당일에 학암鶴嵒 박군신朴君信, 포산苞山 곽치정郭稚靜, 취산鷲山 이여무李汝楙 및 이학李嵒·이난귀李蘭貴 등 여러 사람이 배행했다.

徐思遠, 『樂齋集』 卷7, 「爲寒岡鄭先生東遊記」

박정번은 정구보다 7년 연하에 지나지 않았지만 정구를 스승으로 깍듯하게 섬겼으며, '을사주행' 당시에는 출범처인 어목정에서부터 사문을 배종키도 했던 것이다. 어목정은 분명 박정완의 정자였지만 더러는 형제 공유의 공간처럼 인식되는 측면도 없지 않았던 것이다.

1605년(선조 38) 3월에 접어들면서 대구·칠곡 일원의 한강문인들은 긴장 어린 마음으로 스승을 맞을 채비를 하기 시작했다. 이미 한강문인들 사이에는 이달 중순께 정구가 칠곡 및 대곡大谷 일원에 소재한 선대 묘소를 참배한다는 사실이 통지되어 있었기 때문이다. 정구의 이번 걸음의 본질적인 취지야 물론 성묘에 있었지만 문인들로서는 영접에 신경을 쓰지 않을 수 없었다. 더구나 정구의 평소 성품을 고려할 때, 숙소와 음식 하나하나에도 각별한 정성을 기울여야 했다. 문인을 대표하여 영접을 주관한 사람은 한강문하의 최선배격인 서사원徐思遠이었다. 정구의 대구행은 한창 외연을 확대해 가고 있던 한강학파寒岡學派의 결속 차원에서도 중요한 의미가 있었지만 서사원으로서는 몇 해 전인 1601년에 지은 완락재玩樂齋에 정구를 초빙할 수 있는 절호의 기회이기도 했다. 사정이 이러했기에 그는 조바심을 더해 가며 3월 초순부터 내심 영접 계획을 세우기 시작했고, 이때만 해도 돌발 변수가 생기리라고는 상상조차 하지 못했다.

정구가 성묘 일정을 앞당기면서 영접 계획은 커다란 차질을 빚게 된다. 무슨 이유에서인지 당초 3월 중순께로 예정되었던 성묘행이 갑자기 초순으로 당겨진 것이다. 그리고 이미 정구가 3월 6일에 고령의 어목정漁牧亭을 출발하여 대구 인근의 노다촌老多村에 투숙했다는 소식이 풍문으로 들려왔다. 당황한 서사원은 문인 두 사람을 미리 보내 정구 일행의 동정을 살피게 했지만 이 또한 뜻대로 되지 않았다.

> 8일 오후. 선생께서 타신 배가 척성尺城 아래에 이르렀다는 말을 듣고 나는 놀라서 어찌할 바를 몰랐다. 작은 배를 저어 강 입구로 급히 내려가니 선생의 행차는 이미 부강정浮江亭으로 들어가고 있었다. 나는 황공하여 배에서 내려 뭍으로 올라가 포복한 채로 들어가 절을 하고 뒤늦음을 사과했다. 도생都生과 김생金生이 그릇 정탐한 허물을 어찌 다 말로 할 수 있겠는가.
>
> 徐思遠, 『樂齋集』 卷7, 「爲寒岡鄭先生東遊記」

정구와 서사원은 불과 일곱 살 터울에 지나지 않았지만 포복하고 들어가 예를 갖출 정도로 사제 간의 질서는 엄격했던 것이다. 그나마 일행 중에 낯익은 사람들이 있었기에 서사원의 마음은 한결 가벼웠다. 이들은 정구가 고령 어목정에서 배를 빌려 성묘행을 나설 때부터 수행한 박정번朴廷璠·곽근郭赾·이후경

李厚慶·이학李嶨·이난귀李蘭貴 등으로 모두 한강문하의 동문들이었다.

정구의 성묘가 계기가 된 을사주유는 낙강 중류 연안에 마련된 문인들의 강거江居 거점들을 십분 활용하는 형태로 기획되었는데, 그 중심에 박정번 등 도진박씨들의 정자가 존재했던 것이다.

그러나 박정번의 산수벽도 1610년을 기점으로 와유臥遊의 대상이 되고 만다. 1610년 3월 8일 경상도사 배대유裵大維가 공무 수행차 부래정을 찾았을 때 그는 이미 조병調病 중이었다.

> 1610년 3월 8일. 부래정 주인 박군신朴君信이 병을 조섭하기 위해 이곳에 머무르고 있었는데, 매화梅花가 흐드러지게 피었고, 송죽松竹이 은은하게 정자를 가리는 가운데 강물은 미끄럽게 흘러 봄기운이 참으로 화창했다.
>
> 裵大維, 『慕亭集』 卷4, 「巡部日記(萬曆庚戌本道都事時)」

배대유裵大維의 표현처럼, 그는 부래정의 뜰을 가득 채운 매화와 송죽 그리고 미끄럽게 흐르는 강물을 바라보며 화사한 봄기운을 느끼며 쾌차를 염원했겠지만 이로부터 채 1년이 되지 않아 향년 62세로 생을 마감했다. 그의 죽음은 정구를 비롯한 한강학파 동문들의 지극한 슬픔이 되었는데, 아래는 그의 죽음을 애도한 정구의 만사와 제문이다.

일생토록 강호에서 즐거움을 누렸고,	一生全向江湖樂
반생토록 사우들과 종유했었지.	半世相從士友遊
학암정과 백매원에서 함께 술잔 기울였고,	鶴墅梅園多共酌

학암정 유허지(박돈헌 제공)

학암정 현판

도진과 낙수 사이를 뱃놀이한 것은 얼마던가. 桃津洛水幾同舟

鄭逑, 『寒岡集』 卷1, 「挽朴君信廷璠」

성품이 호산湖山을 좋아하는 벽이 있어 50여 년이나 누렸음에도 스스로는 그것을 벽癖이랄 것도 없이 여겼습니다. 이것은 참으로 사람들이 어렵게 여기고, 세상에서도 드문 일인데 하늘이 그렇게 만들어 준 것도 우연은 아닐 것입니다. … 아! 맑은 낙강에 언제 다시 배를 띄워 함께 뱃놀이할 수 있겠으며, 언제 다시 부래정浮來亭에서 함께 술잔을 주고받을 수 있겠습니까?

鄭逑, 『寒岡集』 續集 卷1, 「祭朴君信廷璠文」

이처럼 박정번은 정구가 인정한 산수광이었고, 정구 역시 여러 번 도진을 왕래하며 부래정과 학암정에 족적을 드리웠던 것이다. 비록 1617년 봉산욕행蓬山浴行 일정 때는 어목정과 부래정을 들르지 않았지만 필시 정구는 1617년 7월 21일 도진 부근을 지나며 지난날 자신을 깍듯하게 예우했던 문인 박정번을 애틋한 심정으로 추억했을 것이다.

3 도진혈맥桃津血脈

: 이채로운 혼맥과 인적 네트워크

조선시대의 혼인은 남녀의 결합을 통한 가족의 형성을 훨씬 초월하는 의미를 지니고 있었다. 사실상 혼인은 가문 간의 정치·사회적 결합을 뜻했고, 이 과정에서 가격家格은 혼인을 결정하는 핵심 요소로 작용하였다. 즉, 가격의 높고 낮음에 따라 혼반 및 혼권이 결정되었고, 혼권은 서울의 경화사족 등 원혼遠婚이 많을수록 격상될 수 있었다.

도진박씨는 박윤의 5대조 박경 이래 고령에 세거기반을 두고 있었던 전형적인 영남사림이었다. 따라서 그들의 혼권 또한 영남 지역을 중심으로 형성되었을 것으로 파악하기 십상이지만 16–17세기 도진박씨들의 혼맥은 경향을 망라하고 있었고, 더러는 매우 이색적이면서도 흥미로운 요소를 내포하고 있었다. 여기서는 여러 혼맥 중에서도 중요한 의미를 가지는 것을 중심으로 살펴보기로 한다.

맨 먼저 언급할 것은 박계조의 3자 박택의 처가이다. 박택은 양천최씨陽川崔氏 최필손崔弼孫의 딸을 아내로 맞았는데, 이 혼인은 도진박씨가 영남사림파의 영수 김종직金宗直과 긴밀한 척연을 맺는 계기가 되었다. 김종직은 전취 창녕조씨와의 사이에서 아들 셋을 두었고, 후취 남평문씨에게서 4자 김숭년金崇年을 두었다. 김숭년은 김종직이 56세에 얻은 만득자였고, 김종직은 득남의 기쁨을 아래와 같이 표현한 바도 있다.

칠월 이십이일에 기쁨을 기록하다

눈은 어른거리고 치아도 없지만,	眼有昏花牙齒無
조물주가 나를 꺼리지 않은 게 자랑스럽네.	猶誇造物不嫌吾
백부보다 겨우 세 살이 적은 나이에,	少於白傅纔三歲
서경의 두 아이보다 훌륭한 아이 얻었네.	賽却徐卿已二雛
대를 잇는 데는 어미의 귀천을 논할 뿐이요,	繼序唯論母貴賤
명성 떨치는 것은 자식의 현우에 달렸다오.	揚名正係子賢愚
후일에 효도하기를 누가 책임 지우랴,	他年反哺將誰責
우선 명주를 어르며 스스로 즐길 뿐이네.	且弄明珠獨自娛

金宗直,『佔畢齋集』卷19,「七月二十二日志喜」

참봉을 지낸 김숭년은 세 아들 김윤金綸·김유金維·김유金紐를 두었는데, 김유金維의 처부가 바로 최필손이었다. 즉, 최필손에게는 두 딸이 있었고, 그중 한 딸이 점필재가佔畢齋家로 시집가고, 다른 한 딸이 박계손의 셋째며느리가 되었던 것이다. 이로써 박택은 김종직의 손자 김유金維와 동서 간이 되었고, 이런 척연은 도진박씨가 영남의 사림사회에서 운신의 폭을 더욱 확대하는 매개가 되었다고 할 수 있다.

박윤의 차자로 죽연가의 종통을 이은 박정벽은 삼가에 세거했던 광주노씨 노흠盧欽(1527-1601)의 딸을 아내로 맞았다. 광주노씨는 조식이 '효우孝友', '청수淸修', '안분安分'의 가도家道를 행한 '시례지가詩禮之家'로 호평한 강우江右의 명문이었고, 남명문인이었던 외조 노흠은 '경의敬義를 궁구하여 도道를 깨친 사람'으로 일컬어질 만큼 남명학의 충실한 계승자였다.

조식은 같은 삼가 출신의 '고향 사람'인 노흠에 대한 애착이 특별했다. 잦은 회합에도 항상 그를 그리워했고, 틈틈이 편지를 통해 학업 면려를 아끼지 않았던 것도 이 때문이었다. 『남명집』에 수록된 서간에는 두 사제의 학문적 돈독함이 잘 드러나 있다.

> 천령天嶺(咸陽)과 김해는 서로의 거리가 하늘과 땅만큼이나 멀리 떨어져 있을 뿐만이 아닌데, 문안 편지를 두 번씩이나 보내어 이 늙은이를 저버리지 않을 줄을 어찌 생각이나 했겠습니까? … 생각건대, 그대는 나이가 젊고 생각이 굳세니, 학문이 벌써 십 층의 경지에 올랐을 것입니다. 그대와 한나절 동안이나마 학문을 토론할 수 없음이 한스럽습니다. 그대는 물을 거슬러 올라가는 배를 보지 못했습니까? 잠시라도 방심하면 열 길이나 밀려 내려갑니다. 부디 힘써 정진해, 훗날 이 늙은이를 저버리지 않으면 매우 다행이겠습니다.

경상대 남명학연구소 편역, 『국역교감남명집』 157-158쪽, 「노공신에게 줌[與盧公信書]」

노흠은 조식의 사후에도 경의학敬義學에 침잠하며 후진 양성에 부심했고, 출처의 엄정함과 임진왜란 때 의병활동에서 구현된 실천적 의리관義理觀은 남명학 종지宗旨의 현실적 적용과 다름없었기 때문이다. 나아가 그는 회산서원晦山書院(후일 용암서원龍巖書院으로 사액)을 건립의 주역으로 활동하였는데, 회산서원의 건립 정신이 존사론尊師論에 바탕한 남명학의 진작에 있었음은 별론을 요하지 않는다.

노흠의 이런 면모는 그 서랑壻郎이었던 박정벽의 남명학파에서의 위상과 관련해서도 시사하는 바가 매우 크다. 두 옹서翁婿는 자주 학문과 시사를 담론하는 가운데 1597년 정유재란 때는 노흠이 죽연가문으로부터 크게 은혜를 입은 적도 있었다. 물론 이때는 박정벽이 사망한 뒤였기 때문에 노흠 일행의 응접을 담당한 것은 외손자 박원갑朴元甲이었을 것이다. 당초 노흠은 성주로 피난을 갔다가 이듬해인 1598년에 고진으로 거처를 옮겨 1600년 삼가 대평으로 돌아가기까지 약 2년 동안 이곳에서 피난생활을 했다.

입재立齋(盧欽) 선생을 따라 1597년 성산星山으로 피난을 갔다가 1598년 성산에서 고양의 도진촌桃津村으로 옮겨 갔다. 도진마을은 입재의 사위 박정벽朴廷壁이 살던 마을이다. 왜구가 차츰 물러감에 이곳으로 옮겨 온 것

광주노씨 가계도: 박정벽 처가

欽 → 子 賀胤 → ①女 朴廷璧 → 朴元甲

→ ②女 李義植

→ ③女 林承謹 → 林眞怤

> 이다. … 1599년. 도진촌에 있었다. … 1600년. 입재 선생을 모시고 대평리大平里 본거로 돌아왔다.
>
> 林眞怤, 『林谷集』「年譜」

노흠의 피난 행렬에는 막내 외손자 임진부林眞怤도 포함되어 있었다. 후일 그는 동계桐溪 정온鄭蘊, 간송澗松 조임도趙任道, 겸재謙齋 하홍도河弘度, 무민당無悶堂 박인朴絪 등과 함께 17세기 남명학파를 주도하는 인물로 성장하게 된다.

박원갑(1564–1618)과 임진부(1586–1658)는 이종 간이었지만 나이는 부자간에 해당하는 22세 차이가 있었다. 이런 나이 차는 이종형의 보다 살가운 보살핌을 받는 이유가 되었다. 임진부가 전란이라는 어려운 환경 속에서도 안정된 생활을 하며 학업에 정진할 수 있었던 것도 박원갑과 도진마을 박씨들의 훈훈한 인정과 보살핌이 있었기 때문이다.

임진부가 함양 출신의 문사文士로 역시 도진으로 피난 왔던 조경명曺敬明에게서 수학할 때 사략史畧 및 연주시聯珠詩 등의 서책을 구해 준 것도 박원갑이었다. 나이가 고작 13-14세에 불과했던 임진부는 독서의 여가에 외조 노흠의 시문詩文을 초략해 두었는데, 후일 이것은 노흠의『입재집』편찬 때 중요 자료로 기능하게 된다.

이상에서 살펴본 바와 같이 노흠과 박정벽의 옹서관계는 도진박씨가 남명학파 내에서 위상을 제고하는 계기가 되었고, 정유재란 당시 임진부의 안정적 학문활동은 도진마을이 남명학파의 차세대 주자를 육성하는 데 일조했음을 분명하게 보여 주고 있다.

한편 박일의 아들 박정번은 현풍곽씨 곽규郭赳의 딸과 혼인하였는데, 이 혼인은 임진왜란 당시 도진박씨가 전란극복의 중심에 서게 된 배경을 이해하는 데 크게 참조가 된다.

박정번의 처가 현풍곽씨는 조선시대 사림사회에서 매우 중요한 위상을 점했던 집안이다. 처부 곽규의 고조 곽안방郭安邦은 세조 때 청백리淸白吏로 명성이 높았고, 증조 곽승화郭承華는 김종직 문하에서 수학하여 사림파 학통의 정맥을 이었다. 부친 곽지번郭之藩은 문과를 거쳐 벼슬이 대사성에 이르렀고, 아들 3형제 또한 모두 준수하여 곽문郭門 창성昌盛의 기틀을 마련했다. 장자 곽월郭越은 문과에 합격하여 황해도관찰사를 지냈고, 박정번의 처부 곽규郭赳 역시 1555년 문과를 거쳐 승지를 지냈다. 특히 곽월의 3자가 곧 임란의병사에 화려한 자취를 남긴 곽재우郭再祐(1552-1617)였다. 곽재우는 조식의 문인이자 외손서라는 점에서 경의학敬義學의 실천에 철저했던 인물인데, 그의 헌신적 의병활동 또한 지행합일知行合一에 바탕한 선비정신의 치열한 표출이었다.

현풍곽씨 가계도: 박정번 처가

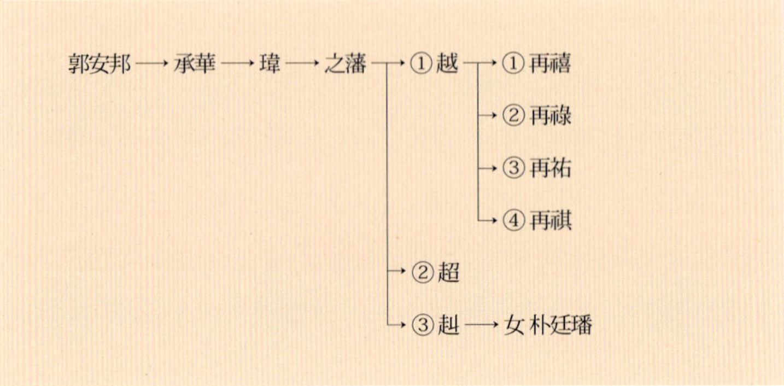

박정번에게 곽재우는 손아래 종처남이었다. 곽재우가 남도 의병을 진두지휘할 때 박정완·정번 형제가 가장 든든한 후원 세력이 될 수 있었던 것도 의리동지義理同志로서의 학문·사회적 관계를 넘어 이 척연과 결코 무관치 않다. 당시 도진마을은 영남 유수의 사대부 마을로서 경제적 기반 또한 매우 강고하여 방대한 규모의 군량軍糧 및 인마人馬를 제공함으로써 각종 승전의 견인차 역할을 했기 때문이다. 임진왜란사, 특히 의병사 연구에 있어 도진박씨의 역할과 기여를 특서해야 하는 까닭도 여기에 있다.

박택의 장자 박정완은 창녕조씨 조몽길曺夢吉의 딸과 혼인함으로써 도진박씨의 지식문화적 외연을 확장하는 데 크게 기여하게 된다. 처부 조몽길은 조식·이희안과 함께 세칭 '영중삼고(嶺中三高)'의 한 사람인 신계성申季誠의 사위였다. 즉, 박정완은 조식曺植의 지기知己로서 김해 신산서원新山書院에 제향된 신계성의 외손서

창녕조씨 가계도: 박정완 처가

申季誠 → 女 曺夢吉 ┬ → ①命仁 → 挺生
├ → ②應仁 → 挺立
├ → 女 金聃壽 → 廷龍
└ → 女 朴廷琬 → 光先

가 되면서 남명학파의 영향을 크게 받게 된다. 신계성의 행적을 남명문하의 고제 정인홍이 찬술한 것에서도 남명학파에서 차지했던 신계성의 위상을 충분히 읽을 수 있다.

창녕조씨 조몽길 가문과 도진박씨의 척연은 학문적 연대와 정치적 공조로 발전했다. 조몽길의 아들 조응인曺應仁과 손자 조정생曺挺生이 내암문인來庵門人이라는 점에서 이들은 조식⇨정인홍으로 이어지는 남명학의 정통에 속했고, 내외종간이었던 조정생·정립은 광해조 북인정권의 신예新銳로 활동하게 된다. 더욱이 조정생은 박정완의 생가 아우 박정번의 사위가 됨으로써 양가는 연혼·중혼의 척분을 지니게 되었다. 이들이 정치적으로도 혈맹血盟 관계를 맺고 활동했고, 인조반정 이후에는 그 운명 또한 같이하게 되는 까닭도 여기에 있는 것이다. 반면 같은 조몽길의 외파인 의성김씨 김담수金聃壽⇨김정룡金廷龍 계통은 한강·우복문하를 출입하며 남인을 표방함으로써 정치적 화란을 피해 가게 된다.

한편 박윤 형제의 손자 대에 이르면 혼맥의 다양성이 포착된다. 박정규의 사위 이수형李隨亨이 그 대표적인 예가 된다. 죽연 종통이 박정벽 쪽으로 옮겨 가게 됨으로써 박정규 계통에 대한 관심은 줄어든 것이 사실이지만 이수형의 존재는 매우 흥미롭다. 족보에 따르면, 이수형은 본관이 전주全州이고, 무과를 거쳐 용강현령, 풍덕군수를 거쳐 예빈시정을 지낸 무반 관료였다. 무과방목을 통해 인적사항을 좀 더 구체적으로 살펴보면, 이수형의 자는 시숙時叔, 아버지는 대사헌을 지낸 이식李栻이며, 거주지는 서울이었다. 즉, 그는 단순한 무관이 아니라 서울에 기반을 둔 문벌가문의 자제였던 것이다.

더욱 흥미로운 것은 그에게는 형이 하나, 아우가 둘 있었는데, 그 형이 퇴계문인으로 많은 일화를 남긴 산천재山天齋 이함형李咸亨이었다. 이함형은 이황과 10통의 학문 문답 편지를 주고받을 만큼 이황이 아꼈던 제자이고, 퇴계학의 주요 텍스트인 『심경석의心經釋疑』, 『주자서강록朱子書講錄』의 편찬에도 기여하여 이황의 문인록인 『도산급문제현록陶山及門諸賢錄』에 그 이름이 올라 있다. 그와 관련된 일화란, 이함형은 호학의 천품에도 부부 사이가 그다지 좋지 않았다고 한다. 이 사실을 감지한 이황은 자신의 행복하지 못했던 부부 관계의 일까지 토로하며 제자를 권고했고, 이에 감복한 이함형은 부인과 다시금 금실을 다지며 해로했다고 한다.

바로 이 이함형의 아우가 박정규의 사위 이수형이었다. 도진박씨가 이수형을 택서擇壻한 것은 도회문화都會文化의 수용, 퇴계학과의 친연성 강화라는 구도 속에서 바라볼 수 있는 여지가 크다. 더욱이 이수형은 강홍준姜弘俊·홍계술洪繼述·이도장李道昌 등 세 사위를 맞았는데 모두 조선 후기 남인계 핵심가문의 선대였다. 강홍준은 영조 대 남인의 중진관료 강준흠의 6대조이고, 홍계술의 현손서 이지억李之億 또한 영조 대 남인의 실력자로 정조 대 남인의 영수 채제공蔡濟恭의 외숙이기도 했다. 이도창은 한강고제 이윤우李潤雨의 아들인데, 1639년 박종윤이 탄핵을 받아 수세에 몰렸을 때 적극 구원하여 해배에 이르게 한 이도장李道長의 형이었다.

박정번의 아들 박창선은 경주이씨 이광윤李光胤의 딸과 혼인했는데, 이광윤은 16세기 청주 지역의 석학 이잠李潛의 아들로 진사시에 장원하고 문과를 거쳐 교리를 지낸 엘리트 문신이었다. 이광윤은 정인홍의 문하를 출입하는 한편 예천으로 이거해서는 조목을 아울러 사사했다. 그가 조목을 사사한 것은 퇴계학의 계승이라는 측면보다는 정인홍과 가까웠던 조목의 정치적 노선과 관련이 깊었다고 할 수 있다. 특히 이광윤의 아들이자 박창선에게는 처남이 되는 이홍경은 이이李珥의 조카 이경절李景節과 사돈관계를 맺는 등 친서인적 경향을 보이기도 했다. 그러나 이홍경이 1635년 '이황이 상중에 아들을 낳았다.'라고 하는 주장을 두고 서인계와 남인계(퇴계계)가 공방을 벌일 때, 남인계에 불리한 증언을 한 사실을 고려한다면 남명학파적 연원의식이 컸다고 할 수 있다. 위에서 언급한 이수형의 존재가 서울 지역 퇴계학파의 유입 현상으로 규정할 수 있다면 박창선의 혼맥은 서인적 성향을 내재하고 있었던 호서사림湖西士林과의 연대 과정으로 해석할 수 있다.

한편 박정번에게는 모두 세 사위가 있었는데, 조경담趙慶覃·김경서金景瑞·조정생曺挺生이 바로 그들이다. 이 가운데 조몽길의 손자인 조정생만 영남 사람이고, 나머지 둘은 서울 및 평안도 출신이다.

먼저 맏사위 조경담은 참찬 조언수趙彦秀의 증손이자 한림을 지낸 조확趙擴의 손자였다. 양주조씨는 국초의 명신 조말생趙末生 이래 다수의 정경 및 부마를 배출하는 등 문벌이 혁혁했고, 조언수 형제의 현달을 통해 사림명가로 도약한 집안이다. 이런 정황은 선조 후반 북인의 영수로 인식된 영의정 이산해李山海가 이 집안의 사위라는 것에서도 확인된다.

양주조씨 가계도: 박정번 서가壻家

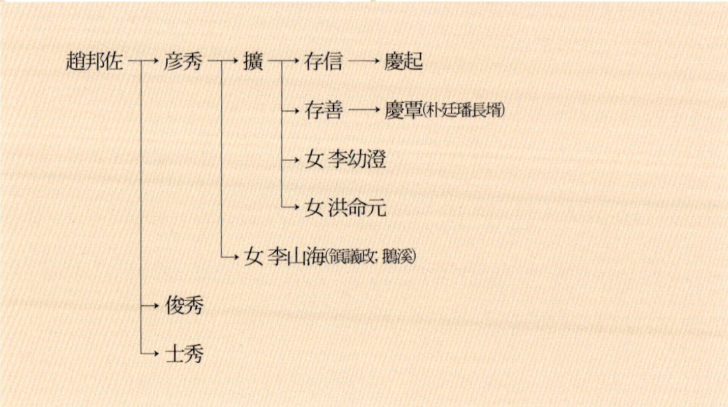

박정번이 조경담을 사위로 맞은 배경은 자세하지 않지만 북인이라는 정치적 동지의식, 서울로까지 혼권을 확대할 수 있었던 도진박씨의 사회·경제적 기반이 이 혼사로 이어졌던 것으로 보인다.

둘째 사위 김경서金景瑞(초명은 응서應瑞)는 평안도 용강龍岡 출신으로 본관은 김해이다. 그는 1583년 약관의 나이에 무과에 합격하여 사환을 시작했는데, 합격 당시의 직역은 보인保人이었다. 이는 그의 집안의 격이 높지 않았음을 반증하는 것이기도 하다.

그렇다면, 학행으로 명성이 높았고 문지門地가 탄탄했던 박정번이 어떤 이유에서 한미한 집안의 자제를 사위로 맞았을까? 김경서의 장남 김득진金得振이 1584년생인 것으로 보아 혼인은 1583년 무과 합격 직후에 이루어진 것 같다. 즉, 박정번은 가문적 배경보다는 무과 합격자라는 개인의 성취, 나아가 무신으로서의 성장 가능성에 주목하여 택서했다고 할 수 있다. 그리고 그 바탕에는 누구보다 뛰어난 학자이면서도 내면에는 상무적尙武的 호협성이 충만했던 박정번 개인의 성향과도 관련이 있었다. 아래는 이현일李玄逸이 찬술한 박정번의 묘표인데, 무인들과도 스스럼없이 교유할 수 있었던 호탕했던 기상이 있었기에 김경서와 같은 무관을 사위로 맞는 데 조금도 주저함이 없었던 것이다.

> 상을 마치고 나서 홀연히 붓을 버리고서 무술을 익혔는데 무예가 출중하여 공명을 당장 이룰 수 있을 것이라고 여겼다. 중부仲父인 종성판관鍾城判官 일溢의 후사가 되어 서울과 경상도를 왕래하면서 무변武弁들 사이에서 거침이 없었고, 말의 안장과 복식을 화려하고 사치스럽게 하려고 힘쓰니, 종족

과 향리 사람들이 풍류호객風流豪客이라고 지목하였다.

李玄逸,『葛庵集』別集 卷4,「鶴巖朴公墓表」

문을 강조하되 무를 비하하지 않았던 것이 박정번이 지녔던 균형감이었고, 그런 정서는 자신의 선대가 무관이었다는 근본의식과 궤를 같이하는 것이었다. 지금도 도진마을에 남아 있는 활적대는 도진마을의 내면에 자리 잡고 있는 상무의식의 상징적 유물이다. 활적대는 활을 쏠 때 과녁으로 삼았던 돌이다. 물론 활쏘기는 선비들에게 육예六藝의 하나로 권장된 것이지만 도진의 활적대는 무예를 통한 심신단련과 향토방위를 위한 예비적 장치였고, 그것이 박정번의 활동기에 설치되었다는 것도 예사롭지 않은 대목이다.

박정번의 예상은 빗나가지 않았다. 김경서는 출사 초기에는 집안이 한미하다는 이유에서 중용되지 못했으나 임진왜란 때 재기용되어 평양성 전투 등 각종 전투에서 큰 공을 세웠다. 이 과정에서 그는 왜장 사야가沙也可의 귀화에도 중요한 역할을 담당했다. 사야가가 김충선金忠善으로 사명賜名된 것은 그의 역할 때문이었고, 특히 김해를 본관으로 사성賜姓된 것 또한 그의 관향을 따른 것이었다. 김충선의 자손들은 대구 우록동友鹿洞에 세거하며 조선 후기 들어 다수의 관료를 배출하여 조선 정착에 성공하게 된다.

왜장 사야가가 공의 위명에 심복하여 3,000 병력을 이끌고 귀부할 것을 원하자 공이 이를 허락했다. 상께서 김충선이란 성명을 내리고 김해를 본관으로 삼게 했는데, 이는 공의 관향貫鄕을 따르게 한 것이다.

蔡濟恭, 『樊巖集』, 「贈大匡輔國崇祿大夫議政府右議政行輔國崇祿大夫平安道兵馬水軍節度使兼寧邊大都護府使副元帥金公神道碑銘」

그리고 1595년에는 경상우도병마절도사가 되었는데, 당시 그가 병영을 설치한 곳이 도진마을이라는 주장이 있다. 현재 도진마을에 남아 있는 주춧돌은 병영 병사의 주춧돌이라고 한다. 이 주장을 받아들인다면, 그의 병사직 수행에 처가의 기반이 매우 중요하게 작동하였음을 알 수 있다.

이후 그는 충청도병마절도사, 포도대장, 길주목사, 함경북도병마절도사, 평안도병마절도사 등 무관 중직을 두루 거친 뒤 1618년 '심하深河의 역' 때 부원수로서 원수 강홍립姜弘立과 함께 참전했다. 각종 전투에서 크고 작은 승리를 거두었으나 살이호薩爾滸 전투에서 패전하여 투항하는 곡절을 겪었다. 포로가 된 뒤에도 그는 적정敵情을 정탐한 내용을 조선으로 보내려다 강홍립의 고발로 인하여 적진에서 비장한 최후를 맞았다. 뒤에 우의정에 추증되었고, 향리 용강에는 '충신정려'가 세워졌다.

김경서의 충의정신은 아들 김득진金得振에게 고스란히 이어졌다. 그 또한 1610년 식년 무과에 장원으로 합격하여 무관의 길을 걸었다. 김득진 역시 심하의 역에 참전하여 분전하던 중 집안의 대를 이으라는 부친의 경계를 듣고 귀국했다. 1624년 이괄李适

의 난을 평정하는 데 공을 세워 진무공신振武功臣에 녹훈되었고, 1627년 정묘호란 때도 청군을 격퇴하는 등 용장으로 성장했다. 하지만 그는 아버지의 참혹한 죽음을 늘 상심하던 중 1640년 후금後金의 사신을 보고 울분을 참지 못한 채 피를 토하고 죽었다. 순조 연간 병조판서에 추증되고, 정문이 내렸다. 김경서·득진 부자의 관료적 삶은 '충효겸전忠孝兼全'의 구체적인 실천이었고, 이것은 도진마을의 정신적 지향과도 맥락을 같이하는 것이었다.

경혼京婚의 여맥은 죽연가의 종손 박종윤朴宗胤의 혼맥에도 남아 있었다. 박종윤은 초취가 고성이씨固城李氏이고, 후취가 창녕성씨昌寧成氏인데, 초취가 곧 서울 사람이었던 것이다. 고성이씨는 고려 말의 명신 도촌桃村 이교李嶠의 후손가로 처부 이성길李成吉(1562~1621)은 사마시에 장원하고, 1589년 문과에도 합격한 엘리트였다. 그는 임진왜란 당시 북평사 정문부鄭文孚 막하에서 큰 전공을 세웠고, 1613년에는 동지사冬至使로 명나라를 다녀오는 등 관계에서의 입지가 컸던 인물이다. 이성길과 박종윤 사이의 옹서관계의 배경은 자세하지 않지만 이성길 또한 인목대비의 폐출을 찬성했다는 점에서 북인이라는 정치적 동지의식이 크게 작용했을 것으로 짐작된다.

이성길에게는 박종윤 외에 두 명의 사위가 더 있었는데, 이경직李景稷과 오숙吳䎘이 바로 그들이다. 경기감사·호조판서를 역임한 이경직은 인조 때 영의정을 지낸 이경석李景奭의 형이고, 오숙 또한 인조 때 경상감사·황해감사를 지냈는데, 둘 다 정치적으로는 서인가문의 자제였다. 이경직의 후손들은 후일 소론계의 핵심가문이자 강화학파江華學派의 이론적 틀을 다진 학자가문으로 성장하게 되고, 오숙의 후손들은 오두인吳斗寅⇨오태주吳泰周⇨오원吳瑗⇨오재순吳載純⇨오희상吳熙常으로 이어지며 노론의 심장부를 형성하게 된다. 특히 해창위海昌尉 오태주는 현종의 부마였으므로 왕실과도 척분이 두터웠다. 이런 맥락을 고려할 때, 박종윤은 이경직·오숙과 같은 조선 후기 서인계의 거물들과 동서관계에 있었지만 부인 고성이씨가 자녀를 두지 못하고 사망함으로써 세의가 점차 약해지는 가운데 인조반정의 소용돌이 속에서 상호 관계성이 철저하게 단절될 수밖에 없었다. 비록 세의는 이어지지 못했지만 이성길 집안과의 혼맥을 통해 확보되었던 서인계와의 인적연계망의 존재에 대한 파악은 죽연가의 역사적 전개 양상을 이해하는 데 매우 중요한 단서가 된다.

4 삼강三綱의 실천공간으로서의 도진

: 충효마을의 역사적 근거

마을은 주거의 공간에 한정되지 않는다. 마을은 예의와 범절, 지식과 문화를 교육하는 공간인 동시에 그것의 실천공간이다. 종가의 사랑방에서 예절을 배운 동몽童蒙은 집으로 돌아가는 길에 어른을 만나면 길가로 물러서 예를 표한다. 교육과 실천의 동시성이란 이런 것이다. 유교 국가였던 조선에서 가장 중요시된 가정교육 프로그램은 충효열忠孝烈, 즉 삼강교육三綱敎育이었다. 조선 사람들은 이 세 덕목을 유교사회를 유지하는 근본으로 여겼기 때문이다. 조선에 존재했던 모든 마을, 특히 반촌은 삼강을 더없이 중시했겠지만 그것의 실천은 별개의 문제다. 알고 배운다는 영역의 학學은 행行으로써 검증된다. 즉 행이 뒷받침되지 않는 지식과 학문은 본질적으로 무용하다. 이 점에서 도진마을은 삼강 실천의 전범典範을 보여 주고 있다는 점에서 그 공간이 갖는 역사성이 특별하다.

먼저 충의 경우, 일반적으로 도진마을의 충의는 임진왜란 때의 의병활동과 관련지어 설명하고 있지만 그 기원은 훨씬 이전으로 소급된다. 세조 연간 박형朴炯의 여진정벌女眞征伐, 중종 연간 박계조朴繼祖의 삼포왜란三浦倭亂 진압이 바로 그것이다. 이들 양대가 참전했던 양대 군무軍務는 충의의식忠義意識의 가풍화로 이어졌고, 이런 정신이 임진·정유 양대 왜란을 통해 의병활동으로 분출된 것이다. 즉, 박정완朴廷琬·박정번朴廷璠 등의 창의는 의분義憤의 돌발적 표출이 아니라 도진마을에 잠재되어 있었던 충의론의 당연하면서도 마땅한 드러냄이었던 것이다. 그들은 지식인이었기에 지략을 꾀할 수 있었고, 또 부유했기에 전비 조달에 어려움이 적었고, 덕을 지녔기에 하층민들의 자발적인 참여를 견인할 수 있었던 것이다.

특히 박정완은 사재私財를 아끼지 않고 장정 400명이라는 대규모 병력을 꾸릴 수 있었고, 지형 및 지물에 대한 해박한 이해를 바탕으로 매복작전을 펼쳐 왜적 30명을 격살하고, 왜선 5척을 탈취한 개산진전투開山津戰鬪는 임진왜란사의 명장면으로 남았다. 그리고 박정번은 아들 박효선朴孝先을 대동하고 곽재우와 연합작전을 전개하는 한편 정인홍과 연대한 안은전투·무계전투茂溪戰鬪 또한 승첩으로 이끌어 강우江右 지역을 보위하는 데 크게 기여했다.

도진마을의 충의지사는 박정완·정번 형제에 그치지 않았다. 1614년에 간행된『창의록倡義錄』에 따르면, 도진마을 출신으로 여기에 이름이 등재된 사람은 박정번을 비롯하여 원갑·광선·효선 등 4인이다. 박원갑·광선·효선 등도 부형을 따라 창의하여 무계전투, 개산진전투 등에서 혁혁한 전공을 세웠으니, 온 마을이 견위수명의 정신으로 국난극복에 투신했다고 해도 과언이 아니었다. 그러나 이들은 사재를 아끼지 않고, 성명性命을 담보했음에도 공功을 과장하지 않았고, 충의를 처세處世와 행신行身의 계제階梯로 활용하지 않았다. 이 점에서 도진마을의 충은 '순충純忠'이었다.

박형朴炯·박계조朴繼祖의 충의론이 박정완·정번 등을 통해 임란 의병으로 표출되었다면, 임란 당시 박정완·정번·원갑·광선·효선 등의 일가오충一家五忠은 도진마을의 정신사적 자산으로 유전되어 독립운동의 추동력으로 재점화하게 된다. 1919년 삼일운동 당시 도진마을의 만세운동을 주도한 인물은 박재필朴在弼(1884~1957)이었고, 그와 뜻을 같이하여 갖은 옥고를 치른 인물은 도진박씨와 타성을 포함하여 20여 명에 이른다. 이 가운데 도진박씨 출신으로는 박재필朴在弼·박기로朴基魯·박채환朴採煥·박영화朴英華·박영우朴英友·박영곤朴英坤·박영순朴英詢·박원학朴元學·박정렬朴貞烈·박경회朴景會·박쌍암朴雙岩 등 총 11명에 이른다. 특히 고령 지역의 지성知性이자 박재필은 애국지사였던 진사 박기열朴璣烈의 아들이라는 점에서 부자쌍충父子雙忠이라 할 수 있었고,

독립운동 기념 행사(박돈헌 제공)

박채환은 경찰의 삼엄한 감시 속에서도 민족독립의 당위성을 당당하게 설파하다 대구형무소에서 옥고를 치렀으며, 박기로는 대곡동에서 동민 50여 명과 함께 독립만세를 외치다 역시 대구형무소에서 옥고를 치른 바 있다. 이런 공로로 인해 박채환에게는 1990년 8월 15일 건국훈장 애족장이 수여되었다. 임란 당시의 의병활동처럼 만세운동으로 표출된 1919년의 독립운동 또한 도진마을 사람이라면 마땅히 행해야 할 선비정신의 표출이었고, 그들에게 보상이라는 개념은 존재하지 않았다. 그들에게 국가와 민족에 대한 충은 가정과 마을에서 학습된 것이었고, 무조건성을 전

마을 입구 표지석

제하고 있다. 이것이 그들의 의행義行을 더욱 돋보이게 하는 이유이다.

효열의 영역에서는 순효純孝로 명성이 높았던 죽연 박윤의 숭고한 행덕行德의 영향으로 박기언朴基彦·박영제朴英堤를 비롯하여 박수규朴壽奎의 처 설씨薛氏 부인과 같은 효자·효부, 박사전朴思全의 처 함안조씨와 같은 효열을 겸한 인물을 배출함으로써 도진 박씨는 삼강三綱의 덕목을 완비하게 되고, 도진마을은 그것의 실천공간으로서 주변의 흠선을 자아냈다.

양질의 가치는 현대적으로 재해석되어 계승, 발전되어야 한다.

이 점에서 경상북도는 그 선도적 위치에 있다. 1997년 7월 12일 자로 고령군 우곡면 도진리 도진마을을 '도 시범 충효마을'로 선정한 것은 문화에 대한 깊은 이해에 바탕하는 선진행정의 표본이 된다.

도진마을 충효정신은 600년이라는 마을의 유구한 역사와 궤를 같이했고, 무엇보다 그것은 남을 의식했기보다는 자기수양 또는 자기단련의 치열한 과정이었다는 점에서 감동과 울림이 있다.

5 조양동朝陽洞 사람들

: 합천에서 꽃피운 학암여운鶴巖餘韻

도진박씨는 17-18세기를 거치면서 도진에서 우곡면 일대로 세거를 확장하는 가운데 일파는 합천 지역으로까지 거주지를 확대하였다. 박정번의 6세손 박치상朴致相(1729-1793)이 합천으로 이거하여 조성한 조양동朝陽洞이 그것이다. 박치상은 박정번의 차손 박경항의 자손인데 그 계통은 박정번朴廷璠⇨창선昌先⇨응항應恒⇨망지望之⇨세정世貞⇨항沆⇨치상致相으로 이어진다.

특이하게도 조양동에는 마을의 역사를 기록한 『조양지朝陽誌』라는 마을지가 전해 오고 있다. 조선시대 영남 지역의 마을지로는 안동 의성김씨 학봉 김성일 가문의 세거지인 금계마을의 『금계지金溪誌』, 합천 고령박씨 무민당 박인 가문의 세거지인 이사마

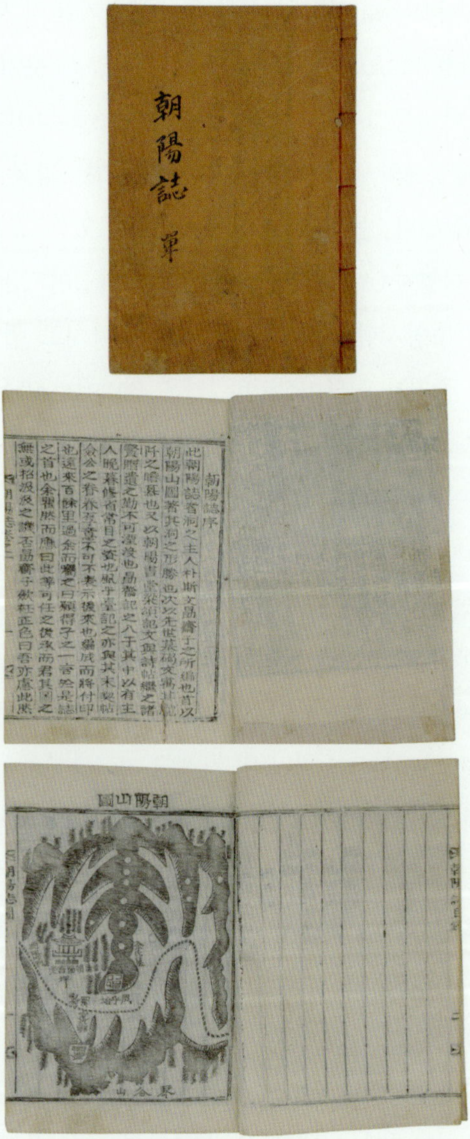

『조양지』(고령박씨 소윤공파 제공)

을의 『서호지西湖誌』, 안동 진성이씨 이계양 가문의 세거지인 주촌 마을의 『와룡지臥龍誌』 등 일부만 알려져 있을 뿐이다. 조양지의 편찬자는 박치상의 6세손 박재룡朴在龍(1883-1952)이며, 근세의 대유였던 김황金榥의 발문에 의하면 간행 시기는 광복 후인 1949년경으로 파악된다. 물론 『조양지』는 선영이 있는 공간에 대한 기록이므로 '선영지先塋誌'의 성격이 큰 것이 사실이지만 박재룡의 경우 이곳에 조양서당을 건립하여 독서·강학처로 활용키도 하는 등 인간의 주거가 이루어졌던바, 넓은 의미에서 마을지의 범주에 넣을 수 있을 것 같다.

박재룡이 『조양지』를 편찬한 배경은 무엇인가? 그것은 '보본의식報本意識'과 합천으로 이거한 자파에 대한 자존의식의 산물로 읽힌다. 그들은 비록 '도진'이라는 본거에서 합천이라는 이웃 고을로 이주하였지만 '도진박씨'의 일원으로서 자긍심을 가지고 살았다. 그 자긍심, 특히 '학암후손鶴巖後孫'으로서의 자존의식의 구체적 표현이 『조양지』의 편찬 및 간행인 것이다.

『조양지』는 조양이라는 '공간'과 고령박씨라는 '인간'을 잘 조화시킨 구성을 보이고 있다. 맨 앞에는 선영의 분포와 위치를 도식한 '조양산도'가 실려 있는데, 중간중간에 조양서당朝陽書堂, 풍호대風乎臺, 청금정聽琴亭 등 학문과 휴양의 공간도 표기되어 있다. 그 뒤로 6대조 박치상에서 부친 박봉렬에 이르는 선대의 묘문을 실었으며, 그 뒤로 청금정·조양서당·풍호대·조양의창朝陽義倉과 관련된 기문 또는 상량문을 수록하였으며, 맨 뒤에는 조양서

박치상朴致相 가계도

致相 → 文國 → 慶家 → 太源 → 英度 → 鳳烈 → 在龍(『조양지』 편찬자)

당과 관련된 각종 시첩詩帖을 수록하고 있다.

편찬자 박치상은 자가 운서雲瑞, 호는 훈재勛齋이다. 학문은 독실했고, 행의는 규범에서 조금도 벗어나지 않는 경건함을 유지했다고 한다. 한말에 태어나 일제 강점기라는 격랑의 시대를 살면서도 율신에 철저했고, 보본의식이 투철했던 강직한 유자의 모습으로 착상된다.

그로 하여금 경모景慕를 불러일으키고, 자긍심을 갖게 한 그의 선대는 어떤 존재들인가? 먼저 6대조 박치상朴致相(1729-1793)은 초명이 치문致文이고, 자는 태섭台燮이며, 호는 청초青草이다. 몸가짐이 겸근하였고, 시경詩經 및 예기禮記에 정통하여 자손들에게 가르쳐 가학의 줄기로 삼았다. 5대조 박문국朴文國(1757-1836)은 초명이 동규東奎이고, 자는 사윤士允이며, 호는 송천松泉이다. 노상직盧相稷이 찬술한 묘갈명에 따르면, 일찍 과거를 단념하고 위기지학爲己之學에 전념하여 학덕이 높았고, 주위의 수재들을 모아 강학하여 다수의 문인을 배출했다. 이에 후학들이 서원을 세워 제향하려 하였으나 국가의 금지령에 저촉되어 실현되지 못했다. 문집으로 『송천집松泉集』이 전한다.

고조부 박경가朴慶家(1779-1841)의 자는 남길南吉, 호는 학양鶴陽

이다. 상주 출신의 대유大儒 입재 정종로를 사사하여 학문·덕행·문장을 겸비했고, 1810년에는 진사시에도 합격했다. 그의 학문은 도학道學과 실학實學을 겸수兼修했을 만큼 그 외연이 넓고 깊이가 있어 19세기 초반 강우 지역의 문풍 진작에 크게 이바지했다. 19세기 영남의 거유 정재定齋 류치명柳致明이 묘갈명을 찬술한 것에서도 그의 학자적 명성을 실감할 수 있다. 저서로 문집『학양집鶴陽集』외에도『동언고東言考』,『사칠정음운고四七正音韻考』가 있다.

증조부 박태원朴太源(1816-1831)의 자는 호연浩然, 호는 산천자山泉子이다. 9세에 이미 경사經史에 박통할 만큼 학문이 숙성했고, 11세에 능히 책문策文을 지을 정도로 문장 또한 탁월했다. 우리 역사에는 단명한 천재들이 더러 있는데, 그 또한 16세로 단명함으로써 주변 사람들을 애통하게 했다. 그 짧은 인생 속에서도 그는 문집『산천자집山泉子集』을 남겼는데, 수신修身 및 치가治家와 관련된 제 논설들은 집중적인 조명이 필요할 정도로 학문적 무게감을 지니고 있다.

조부 박영도朴英度(1841-1885)는 자가 순일舜一, 호는 묵암默庵이다. 도량이 넓고 기상이 드높았으며, 자신에게는 엄하고 남에게는 따스하게 대하는 지기추상持己秋霜, 대인춘풍對人春風의 신조를 평생토록 지켜 향리의 칭송을 받았다. 벼슬은 감역을 지냈다.

부친 박봉렬朴鳳烈(1864-1937)은 자가 응현應見, 호는 수암修庵이다. 누대의 가업을 잘 계승하여 이를 현창하는 데 기여함으로

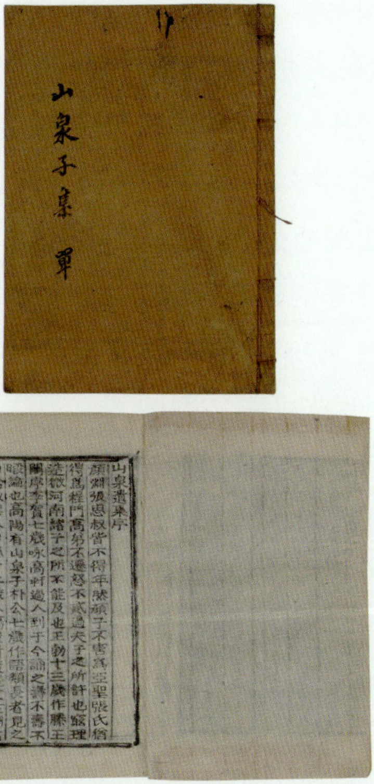

『산천자집』(고령박씨 소윤공파 제공)

써 집안의 신망이 두터웠다. 문집으로 『수암집修庵集』이 있다. 성주 출신의 대유 공산恭山 송준필宋浚弼(1869~1943)이 묘갈명을 찬술했는데, 송준필은 박계조의 사위 송현宋鉉의 후손으로 도진박씨의 외파가 된다.

『조양지』에 따르면, 조양동은 합천에 세거했던 고령박씨 학암계통의 분산墳山인 동시에 학술과 문화의 공간이었다. 박재룡이 건립한 '조양서당朝陽書堂'은 선대의 유지를 계승하며 자제 교육과 향당鄕黨의 학술문화 증진을 위해 마련된 공간이었고, 공자의 학자적 삶에서 이름을 취한 풍호대風乎臺는 유학적 품위와 격조를 갖춘 예법 수련과 휴양을 위한 공간이었다. 특히 박재룡은 풍호대에 대한 애착이 깊었지만 이를 독점하지 않았다. 그는 풍호대를 일향의 공유 자산처럼 여겼고, 그 공유성을 보다 영속화하기 위해 집안 및 향당의 연소한 사람들과 계를 결성하였는데, '풍호대계風乎臺契'가 바로 그것이다.

조양동에는 학술과 문화 그리고 휴양의 공간만 있었던 것이 아니었다. 역시 박재룡이 설립·운영한 '조양의창朝陽義倉'은 조양동에 살며 선영 수호 등에 종사하는 사람들을 구호하기 위한 일종의 복지시스템이었고, 그 바탕에 깔린 정서는 사회적 약자에 대한 배려 및 호혜와 협동의 공동체의식이었다. 이는 살림살이가 풍족했고 학문적 명성 또한 높았지만 사대부로서의 우월의식을 좀처럼 드러내지 않았고, 가난하고 힘든 사람을 보면 그냥 지나치지 않았던 박정번의 삶의 신조와 정면으로 부합하는 것이다. 조양동은 도진 본거로부터는 고을을 달리하였지만 이곳 사람들이 추구했던 삶의 방식은 도진마을에서 온축된 선지先志의 착실한 계승이었다. 도진박씨를 이해함에 있어 조양동 사람들을 꼭 기억해야 하는 이유도 여기에 있다.

제4장

유교문화 경관 및 문헌

유교문화
경관 및 문헌

1 학문·저술·교유 그리고 기림의 공간

1) 문연서원文淵書院: 5현을 기리는 고령지식문화의 거점

1696년에 건립된 문연서원은 '도진문화桃津文華'를 이끌었던 현자賢者에 대한 기림처였다. 무엇보다 이 기림은 그 주체가 종족이나 마을이 아닌 유림이라는 점에서 사회적 기림이었다고 할 수 있다. 모든 인간은 태어나면서부터 일정한 시간과 공간을 부여받는다. 그 시간과 공간을 효율적으로 활용하여 그 성취가 개인을 넘어 국가사회적 발전에 이바지한 인물을 우리는 위인偉人이라 일컬으며 무한한 존경의 마음을 표한다.

문연오현文淵五賢은 그 학문과 덕행이 유교적 가치에 부합했

문연서원 제향 인물: 문연5현文淵五賢

- 박윤朴潤 : 죽연竹淵(학행 · 효행)
- 박택朴澤 : 낙락당樂樂堂(학행)
- 윤규尹奎 : 월오月塢(학행)
- 박정번朴廷璠 : 학암鶴巖(학행 · 충의)
- 최여설崔汝契 : 매헌梅軒(학행 · 충의)

고, 그 존재 자체로 문치를 추구했던 조선왕조의 격을 한 단계 승격시킨 위인들이었다. 따라서 사림공동체가 이들을 위해 향화香火를 지피는 것은 순리이자 미덕이었다.

당초 문연서원은 낙락당樂樂堂 박택朴澤, 월오月塢 윤규尹奎, 학암鶴巖 박정번朴廷璠의 제향처로 건립되었다. 따라서 1696년에는 이들 삼현의 위패가 먼저 모셔졌고, 이로부터 3년 뒤인 1700년에 죽연竹淵 박윤朴潤과 매헌梅軒 최여설崔汝契을 추향함으로써 오현의 제향처로 확립된 것이다.

5현이 문연서원에 제향될 당시의 봉안축문奉安祝文에 따르면, 박윤은 학문과 효우가 뛰어나고 죽림칠현竹林七賢에 비견될 만한 풍도를 지닌 인물, 박택은 높은 학문과 드높은 지조로 지위를 탐하지 않고 청담淸淡한 삶을 고수했던 덕인, 윤규는 이황과 조식이 인정했고 남도 도학道學의 기풍을 확립한 학자, 학문과 충의로 남방의 사표가 된 석학, 추상같은 기상으로 후학을 인도했던 은일지사로 표현되고 있다. 이 표현들은 5현의 행덕과 자취를 적확하게 관통하는 지언知言이라 하겠다.

5현 가운데 4현에 대해서는 앞에서 언급했으므로 여기서는 최여설에 대해 간단하게 소개하기로 한다. 양천최씨 집안 출신인 최여설은 박택의 처가 쪽 인물이었다. 이 가문은 성종 때 관찰사를 지낸 최숙형崔淑亨 대에 진주로 낙향했고, 그 아들 최적崔績 대에 고령에 입향했다. 조식과 도의지교를 맺었던 학곡鶴谷 최원崔源 또한 이 집안 사람이었다. 최여설은 박정번의 문인이었다. 그는 박정번으로부터 시례詩禮를 배웠는데, 추상秋霜같은 기상으로 임진왜란 때도 의병으로 활동하며 큰 공을 세워 훈도에 임명되기도 했다. 즉, 그는 정구⇨박정번으로 이어지는 학통을 계승했고, 학행이 뛰어났던 고령 지역의 잘 드러나지 않은 은사隱士였던 것이다. 그러나 도진박씨 등 고령 사림들은 그의 높은 학덕을 잊지 않고 문연서원에 제향함으로써 은일隱逸의 군자를 기렸다.

문연서원은 1868년 서원정비령에 의해 훼철되기까지 170여 년간 존속하며 도진을 비롯한 고령 일대의 문풍 진작에 크게 기여하게 된다. 비록 국가로부터 사액을 받지는 못했지만 5현이 갖는 인물적 비중으로 인해 그 위상은 매우 높았다. 서원을 참배한 인사들의 명단인 '심원록尋院錄'에 따르면, 문연서원을 방문한 인사는 고령·현풍·의령·합천·청도·함양·의성·선산·김산 등 영남 지역을 비롯하여 호서의 충주로까지 확산되어 있었으며, 향중의 인물로서 소과 또는 대과에 합격한 이는 반드시 참배하는 것이 관행화되어 있었던 것 같다. 이런 예는 1754년 진사시에 입격한 이회근李晦根의 심원을 비롯하여 다수의 사례가 확인이 된다.

타향 출신 인사들 중에도 심원하는 이가 매우 많았는데, 1764-1765년에 심원한 상주 광주노씨 집안의 노한문盧漢文과 노광복盧光復, 1771년에 심원한 영천 달성서씨 집안의 서성집徐聖集 등이 바로 그들이다. 이들의 공통점은 모두 박정번의 외손이라는 사실이다. 이들은 외선조를 추념하기 위해 수백 리 걸음을 마다하지 않았던 것인데, 「심원록」에도 이들이 '학암외손鶴巖外孫'임을 밝히고 있다. 노한문과 노광복은 16세기의 거유巨儒이자 영의정을 지낸 소재穌齋 노수신盧守愼의 7세손과 8세손인데, 특히 노광복은 죽연가의 8세 종손 박상곤朴尚坤의 맏사위였다.

1765년에 심원한 선산 출신의 정주신鄭冑新은 그 심원의 걸음이 조금 특별하다. 해주정씨 출신인 그 또한 박정번의 외손이라는 점은 같지만 당시 그는 '무과합격자' 신분으로 심원하여 문연서원의 묘정廟庭을 더욱 빛나게 했다. 정주신은 무관으로 승진을 거듭하여 벼슬이 부사에 이르렀다. 외손 계열의 심원 인사 가운데 박정번 계통이 주류를 이루는 것은 족세의 성쇠와 관련이 있을 것 같다.

한편 문연서원의 운영진, 즉 원장 및 유사는 주로 고령 일원에서 차정되었으며, 크게 드러난 인물은 많지 않았다. 주목할 인물로는 1836년 원장을 지낸 박경구朴慶九(1768-1842)의 직함은 전 정언正言이고, 1840년 원장을 지낸 김상직金相稷은 전 수찬이었으며, 1855년 원장을 지낸 최상원崔尚遠은 부호군副護軍이었다. 특히 박정번의 8세 종손이기도 했던 박경구朴慶九는 인조반정 이후 도진박씨가 배출한 몇 안 되는 문과 합격자의 한 사람이라는 점에서 그의 원장 수행은 서원의 효율적 운영과 위상 강화에 큰 영향을 미쳤다고 할 수 있다.

문연서원은 사액서원이 아니었으므로 국가의 지원대상으로부터는 약간 벗어나 있었다. 물론 향사 때 관에서 제수는 지원을 받았지만 제반 여건이 그다지 여유롭지는 못했을 것이다. 그럼에도 「문연서원차비안文淵書院差備案」에 드러나듯이 18세기 중후반을 기준으로 최대 19구의 노비를 보유하고 있다는 것은 놀라운 사실이다. 짐작건대, 이것은 서원 운영의 효율성을 위해 자손들이 기부한 것일 가능성이 커 보인다. 이것이 사실이라면, 도진박씨의 호현향학好賢向學의 정신과 관련하여 시사하는 바가 매우 크다고 할 것이다.

고종의 즉위와 대원군의 집권은 조선의 서원문화에 한파를 몰고 왔다. 47개소를 제외한 모든 서원에 대한 훼철이 단행되었고, 이 과정에서 문연서원도 훼묘철향毁廟撤享의 운명에 놓이게 된다. 약 200년간 고령의 유풍을 진작시켰던 교학의 구심점이 추초秋草 황량한 빈터로 바뀌게 된 것이다.

국가가 서원을 없앨 수는 있지만 선비사회에 공고하게 자리잡고 있었던 존현尊賢과 양사養士의 의지를 꺾을 수는 없었다. 이에 도진박씨 및 고령 사림들은 모현정慕賢亭을 건립하여 건원 이래의 존현 정신을 꿋꿋하게 이어 나갔고, 1924년에는 빈흥재賓興齋 유계儒稧를 중수하여 양사의 전통을 계승하게 된다.

문연서원 유허비

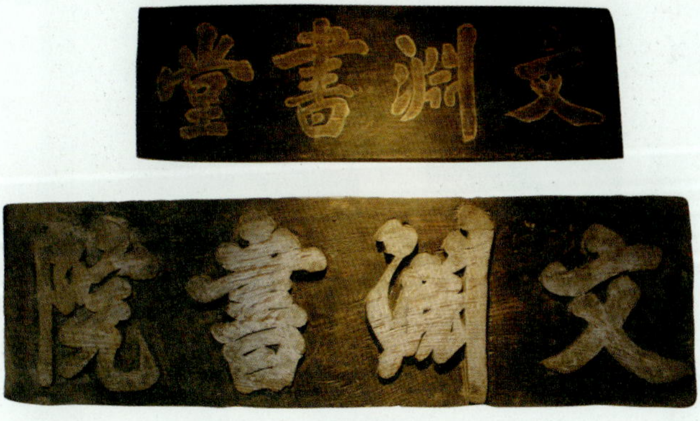

문연서당 현판과 문연서원 현판

모현정

모현정 현판

모현정 향사

「모현정기」

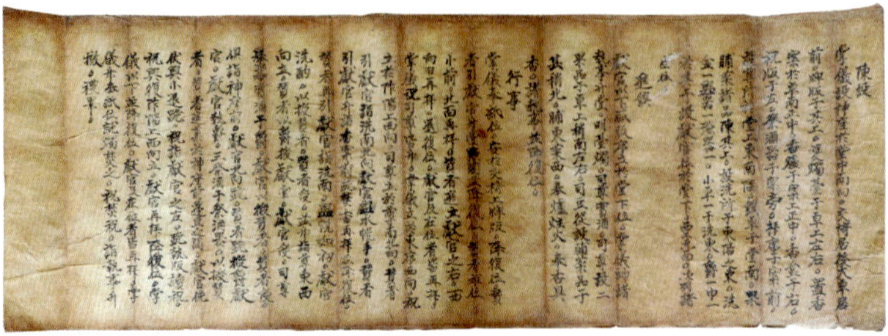

「홀기」

당초 빈흥재 유계는 박정번의 8세손 박경가朴慶家가 고령사림의 지식문화적 성장을 위해 19세기 초반 향교에 결성한 '공부모임'이었다. 매년 맹동孟冬에는 경서 공부를 점검하고, 맹하孟夏에는 과거를 위한 문장력을 점검하는 것을 항례로 삼음으로써 지역의 문교 진흥에 크게 이바지했다. 그가 『고령지高靈誌』의 '문망조文望條'에 당당하게 이름이 올라 있는 것도 이러한 역량과 역할 때문이었다. 아울러 이곳에서의 공부는 『고령지高靈誌』에 '빈재시예賓齋試藝'라는 제목으로 실려 고령 지역 지식문화계의 고사故事로 남았다.

그러나 빈흥재에서의 공부 모임도 세월의 진척과 환경의 변화 속에 한동안 침체하다 박정번의 차손 박응항朴應恒의 9세손 박승렬朴升烈(1850–1925)의 주도하에 1924년에 중수되어 하나의 교육 인프라로 재작동하게 된 것이다. 다만, 이때는 운영 방식에 있어 약간의 변화를 수반하게 되었다. 당초에는 향교의 빈흥재를 교육 공간으로 삼았지만 이때부터는 고령 향내의 각 서원을 윤회하는 방식으로 바뀌었다. 이 모든 발전적 변화를 주도하며 첫 공부모임

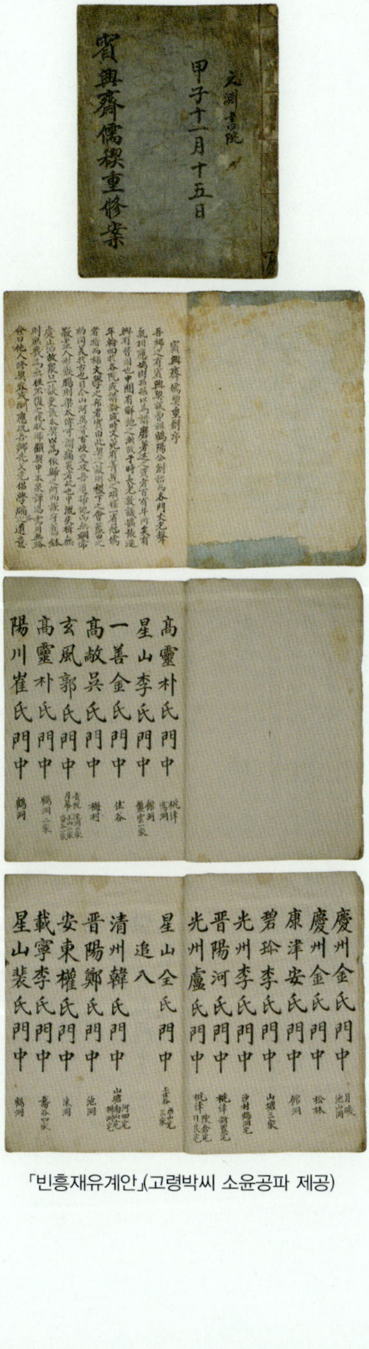
文淵書院
甲子十一月十五日
賓興齋儒稧重修案

賓興齋儒稧重創序

高靈朴氏門中
星山李氏門中
一善金氏門中
高敞吳氏門中
玄風郭氏門中
高靈朴氏門中
陽川崔氏門中

慶州金氏門中
慶州金氏門中
康津安氏門中
碧珍李氏門中
光州李氏門中
晉陽河氏門中
光州盧氏門中
星山全氏門中
追入
清州韓氏門中
晉陽鄭氏門中
安東權氏門中
載寧李氏門中
星山裵氏門中

「빈흥재유계안」(고령박씨 소윤공파 제공)

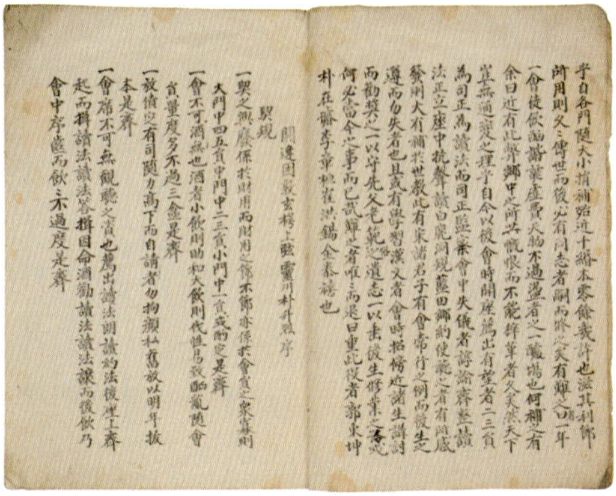

「빈흥재유계안」(고령박씨 소윤공파 제공)

이 이루어진 곳이 문연서원[慕賢亭]이었고, 그 주관자가 박승렬이었다.

박승렬의 자는 수옥守玉, 호는 치암恥庵이며, 경사經史에 박통했고, 학문과 행의에 있어 당세의 모범이자 표준이 된 명실공히 20세기 초반 도진박씨의 문장門長이었다. 당시 그는 75세의 고령이었음에도 도진마을과 유림을 위해서라면 현로賢勞를 아끼지 않았고, 계를 중수하던 이듬해인 1925년 유명을 달리하게 된다. 그의 폭넓은 학문 인생과 독실했던 학문은 문집 및 정종호鄭宗鎬가 찬술한 묘갈명에 실려 전하고 있다.

빈흥재 유계에는 도진桃津·학동鶴洞의 고령박씨를 비롯하여 관동館洞의 성산이씨, 가곡佳谷의 일선김씨, 매촌梅村의 고창오씨, 귀원貴院·월막月幕의 현풍곽씨, 학동鶴洞의 양천최씨, 월기月磯·송림松林의 경주김씨, 관동館洞의 강진안씨, 산당山塘의 벽진이씨, 사촌沙村의 광주이씨, 도진의 진양하씨, 도진의 광주노씨, 상가곡上佳谷

의 성산전씨 등이 합여하여 성회를 이루었고, 율문律文·법문法文 및 벌목罰目의 정치함이 이 공부 모임이 얼마나 심혈을 기울여 기획, 운영되었는가를 잘 보여 주고 있다.

1940년에는 '문연서원유허비文淵書院遺墟碑'를 건립하여 지난날의 찬란했던 문화文華를 회상하였다. 이 비문은 정구의 후손으로 한말의 학자이자 문장가이며, 독립운동가로도 명성이 높았던 뇌헌磊軒 정종호鄭宗鎬가 찬술했다. 정종호는 비문에서 대덕을 지녔던 오현에 대한 무한한 존경의 마음을 표하는 한편 사문화란斯文禍亂의 대변인 서원훼철에 대한 분노를 감추지 않는다. 그가 염원했던 것은 자신의 선조 한강 선생이 여러 차례 내방했던 이곳 도진에 문연文淵의 기치가 다시 올려지는 것이었지만 그 기대는 끝내 이룰 수 없는 역사의 한恨으로 남았다.

2) 남고정南皐亭: 남명학과 퇴계학의 소통 공간

남고정은 박응형이 1632년 예천 우거 때 건립한 정사이다. 여기서 그는 강좌의 제언諸彦·석학碩學들과 학문을 토론하고, 창수화답을 통해 아회를 즐겼다. 어떤 측면에서 강우 남명학파적 성향이 강했던 도진박씨가 강좌 퇴계학파 영역에 지은 살롱Salon과 같은 상징적 공간이다. 동시에 이곳은 인조반정 이후 남명학파가 정구鄭逑·장현광張顯光·정경세鄭經世 등을 통해 퇴계학파와의 친연성을 다지는 과정을 함축적으로 보여 주는 것이기도 했다. 남

남고정

남고정 현판

고정은 1657년 박응형의 도진 환거 이후 제대로 관리되지 못했던 것 같다. 이에 창건 이후 240년이 지난 1898년 8세손 박영순朴英舜·박영을朴英乙 등이 주관하여 도진마을에 중건하게 되었다. 낙성 이후 기문을 지어 박응형의 원대한 뜻과 남고정에 담긴 깊은 의미를 발휘한 이는 19세기 고령의 대유학자 만구 이종기李種杞(1837–1902)이다. 1604년 정구의 '을사선유' 당시 박정번과 동유했던 이종문李宗文(1567–1638)의 후손인 그는 정재定齋 류치명柳致明의 문하에서 수학했고, 고령의 다산면茶山面 상곡上谷마을에 서락서당書洛書堂에서 강학하여 다수의 준재를 배출했다. 이종기에게 기문을 청한 것은 선대에 다져진 세의世誼의 확인 및 강화 과정이기도 했다. 남고정 중건을 주관한 박영순朴英舜(1851–1918)의 자는 덕현德玄, 호는 경암警菴이며, 지신持身이 검약儉約하고 학문이 독실하여 향중의 추중을 받았다. 박영을朴英乙(1855–1922)의 자는 천약天若, 호는 회산晦山이다. 그 또한 숭조의식이 투철하고 문사가 섬부贍富하여 가사佳士로 추앙되었다.

3) 남와구거南窩舊居와 용연재龍淵齋: 남南을 고집하는 까닭

남와구거는 남와南窩 박민국朴敏國(1740–1817)이 76세 되던 1816년에 건립한 주거 공간이자 서재이다. 그는 박정번의 7세손이자 박응형의 5세손으로 그 계통은 박정번朴廷璠⇨창선昌先⇨응형應衡⇨망지望之⇨세형世亨⇨홍泓⇨치일致一⇨민국敏國으로 이

남와구거

어진다. 증조 박세형朴世亨(1662-1693)은 사망한 지 20여 년이 지난 1718년 고조 박망지로부터 부례산扶禮山 일대를 별급받는 등 집안에서는 애틋한 존재로 기억된 인물인데, 당시의 별급문기가 지금도 전해 오고 있다.

남와구거의 터는 본디 그의 숙부로서 박응항의 현손으로 출계한 박치중朴致中(1706-1777)이 거주하던 남도헌南桃軒이 있던 곳이었다. 짐작건대, 그는 박치중 사후 이 터를 인수하여 자신만의 새로운 보금자리를 꾸민 것으로 파악된다.

집의 명호를 '남와南窩'라 한 데는 그만한 이유가 있었다. 내가 사는 나라는 백두산의 남쪽에 있고, 사는 고을은 태백산의 남쪽에 있고, 사는 마을은 고을의 남쪽에 있고, 사는 집은 마을의 남쪽에 있고, 기거하고 밥을 먹는 곳은 집의 남쪽에 있고, 태어난 곳도 남쪽이고, 자란 곳도 남쪽이고, 늙은 곳도 남쪽이며, 노년에 얻은 벼슬도 남반南班이라는 것이 그가 '남南'에 대한 애착을 떨치지 못한 이유였다.

박민국은 학문과 인품이 뛰어났을 뿐만 아니라 자녀교육에 만전을 기해 문정門庭에 반듯한 자손이 가득했다. 장자 박경오朴慶五는 산림숙덕山林宿德의 기품이 있었고, 종숙 박경국을 계후하여 학암종손鶴巖宗孫이 된 차자 박경구朴慶九는 문과 출신의 엘리트 관료였기 때문이다. 박민국이 만년에 통정대부通政大夫 첨지중추부사僉知中樞府事의 관함을 획득한 것도 박경구의 현달 때문이었다.

그러나 정작 그가 남쪽에 대한 강렬한 애착을 보인 속마음은 따로 있었다. 그것은 가화와 국난에 대한 자손 및 신하로서의 공분의 표현이었다. 그는 도진박씨 일문을 휩쓸고 간 '북인지화北人之禍(仁祖反正)'에 깊은 상처가 있었고, '북로지진北虜之塵(丙子胡亂)'에 치욕을 느꼈다. 특히 인조반정의 여파로 1631년 선조 남고공이 압송되어 납초納招한 것에는 울분을 가누지 못했던 것이다. 그래서 그는 '북北'에 대한 혐원이 있었고, 그 혐원의 극복적 인식 체계가 남南에 대한 애착이었다. 그는 자신의 이러한 생각을 강요하지는 않았지만 자손들 또한 그 마음을 헤아려 주기를 바랐다.

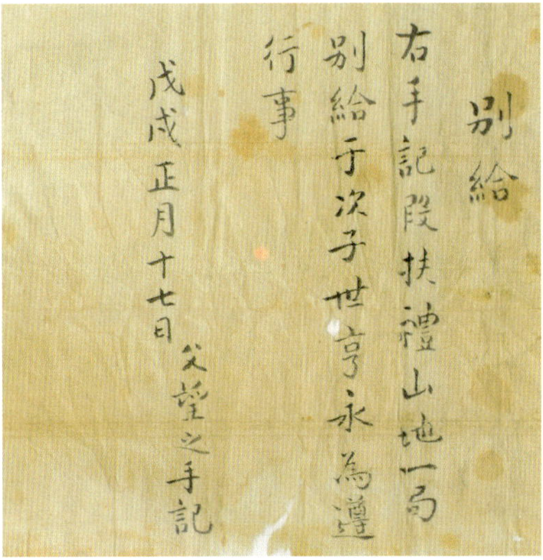
別給
右手記段扶禮山地一局
別給于次子世亨永爲遵
行事
戊戌正月十七日 父望之手記

「박망지별급문기」(1718)

기문을 손수 찬술한 것도 이 때문이었다. 이 점에서 「남와기南窩記」는 한 선비의 소신인 동시에 학암鶴巖·남고가문南皐家門의 준엄한 가훈家訓이었다.

이런 교훈 때문이었을까? 박민국의 자손들은 준수한 인재로 성장했고, 아들과 손자 모두 문집을 남기는 등 학식과 문명을 크게 떨쳤다. 그의 문아했던 학자적 삶의 자취는 박민국의 『남와유고南窩遺稿』, 박경오朴慶五(1765-1835)의 『영락와유고永樂窩遺稿』, 박승원朴升源(1797-1867) 『정와유고靜窩遺稿』로 다듬어졌고, 그것은 『영천세고靈川世稿』로 묶여 일가학림一家學林의 문풍을 웅변하고 있다.

용연재는 박민국이 1805년에 건립한 서재인데, 청룡산靑龍山 자락 산수 유려한 곳에 위치한 이 서재는 19세기 학암鶴巖·남고 가학南皐家學을 계승하는 도진문풍桃津文風의 상징적인 공간으로 기능했다.

2 고문헌을 통해 본 도진박씨의 자의식自意識

1) 『고령박씨종안高靈朴氏宗案』: '도진일가론桃津一家論'

도진마을에는 『고령박씨종안高靈朴氏宗案』, 『종안절목宗案節目』이라는 문서가 전해 오고 있다. 1890년 12월 15일에 결성된 종안의 구성원 명단 및 운영 규칙을 기록한 이 문서는 도진박씨들의 마을 및 혈연공동체 의식이 어떤 방식으로 구현되고 있었는가를 잘 보여 준다. 먼저 종원 명부인 『고령박씨종안』은 '죽연공파竹淵公派(朴潤派)', '판관공파判官公派(朴溢派)', '낙락당공파樂樂堂公派(朴澤派)', '충순위공파忠順衛公派(朴洽派)' 등 고령박씨 도진 4파를 아우르고 있고, 말미에 「별안別案」을 두고 있다. 입록된 종원의 총수는 172명인데, 죽연공파 30명, 판관공파 92명, 낙락당공파 30명, 충순

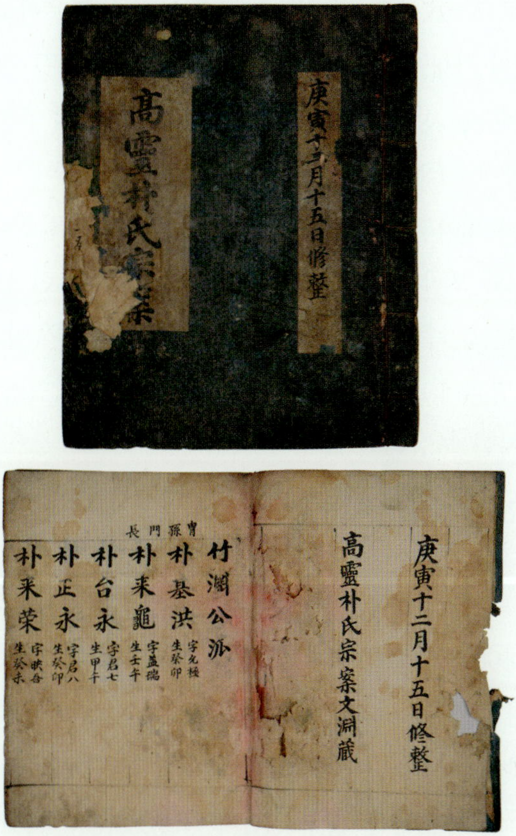

『고령박씨종안』(고령박씨 소윤공파 제공)

위공파 9명, 별안 수록인이 11명이다. 1890년 당시 도진마을에는 관례를 치른 성인 남자가 대략 170명 정도였고, 족세는 제2파인 판관공파가 제일 성했음을 말해 준다.

종안이란 성격 때문인지 명단을 수록함에도 종법적 질서를 철저히 따르고 있다. 각 파별로 항렬과 나이를 불문하고 주손胄孫을 맨 먼저 기재한 다음 문장을 기재했고, 그다음은 항렬과 나이별로 열서하는 방식의 취하고 있다. 낙락당공파의 주손 박경삼朴景三은 동자童子였음에도 맨 앞에 기재되었는데, 이는 종손에 대한 예우 규정이 적용되었기 때문이었다. 도진박씨들은 종법을 강조하면서도 포괄적 종족의식을 지니고 있었다. 그런 정황은 종안에 서자庶子를 수록한 것에서 찾아볼 수 있다. 더욱이 서자라 하여 기재 방식에 차등을 두는 것이 아니라 자신의 항렬과 연령에 따른 서차를 보장받고 있다.

그랬다. 이 시기 도진박씨는 종지宗支의 명분을 엄수하면서도 서자를 포용할 줄 아는 포괄적 종족의식을 지니고 있었고, 도진에 사는 박씨는 모두 일가라는 가문의식을 견지하고 있었다. 이 점에서 1890년의 종안은 박계조를 종조로 하는 '도진박씨桃津朴氏양산공파종안梁山公派宗案'이라 해도 전혀 손색이 없었다. 이는 박윤·일·택·흡 4형제의 우애가 300년 세월의 유전 속에서도 퇴색되지 않고 그 자손들을 통해 면면히 이어졌음을 의미한다. 이처럼 그들은 유교문화가 만들어 낸 효우라는 양질의 가치를 보존할 줄 아는 현명하면서도 정이 넘치는 사람들이었던 것이다.

도진박씨들의 종족적 단합은 이미 오래전부터 이루어져 왔다. 그 대표적인 것이 족보의 발간이었다. 일제 강점기를 하한으로 할 때, 고령박씨는 모두 네 차례 족보를 발간했다.

〈고령박씨 족보 발간 현황〉

· 정해보丁亥譜(1707): 문연재
· 기축보己丑譜(1769): 문연재
· 신축보辛丑譜(1901): 계산재
· 병자보丙子譜(1936): 계산재

위에서 보듯 초간보인 1707년의 '정해보丁亥譜' 등 4차례의 족보 간행 과정에서 보청이 설치된 곳은 문연재文淵齋와 계산재桂山齋이다. 이는 사실상 고령박씨족보가 도진박씨의 기획과 주관하에 이루어졌음을 의미했고, 이 과정에서 도진박씨들의 족의지심族誼之心이 뭉게뭉게 피어올랐음은 두말할 나위가 없다. 선대의 행위는 자손들에게 소중한 문견이 되어 전승되고, 그 전승이 쌓이면 불변의 문화로 자리 잡게 되는 것이다. 1890년의 종안 또한 이런 전통의 연장선상에 위치하고 있는 것이다.

이제 『종안절목宗案節目』을 통해 그 운영 양상을 살펴 보기로 한다. 『종안절목』의 서문은 판관공 박일의 11세손 박영길朴英吉(1832-1894)이 찬술했다. 여기에는 도진박씨는 어떤 경우에도 남이 되어서는 안 된다는 일체감, 뛰어난 조상을 둔 자손로서의 자부심, 세상이 다할 때까지 돈목敦睦의 마음을 잃지 말자는 당부의 말이 절절하게 녹아 있다.

도진파가 고령에 터를 잡고 산 지는 수백 년이 되었고, 현인賢人과 군자君子가 대대로 배출되어 영남에서는 명문名門·화족華族으로 일컬어졌다. 양

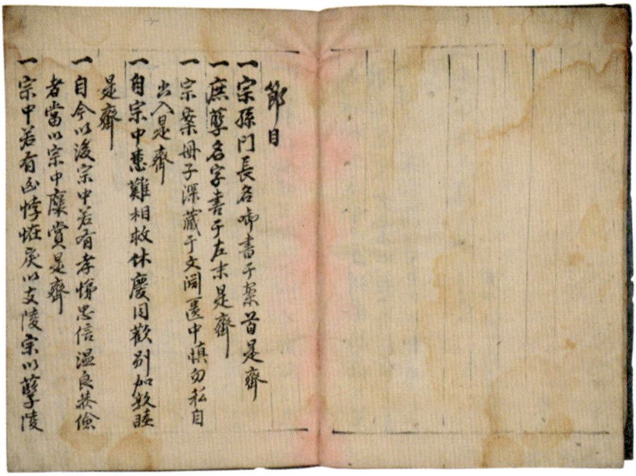

節目
一 宗孫門長名啣書于案首是齊
一 庶孽名字書于左末是齊
一 宗案毋子深藏于文閣裏中慎勿私自出入是齊
一 自宗中患難相救休慶同歡別加致誼是齊
一 自今以後宗中若有孝悌忠信溫良恭儉者當以宗中褒賞是齊
一 宗中若有凶悖怪戾以支陵宗以孽陵

『종안절목』(고령박씨 소윤공파 제공)

산공梁山公(朴繼祖)께서는 삼포왜란三浦倭亂에서 공을 세워 공신에 녹훈되었고, 아들이 넷이 있었다. 장자 윤潤은 효우를 독실하게 행하여 그 사적이 삼강록三綱錄에 실렸는데, 호는 죽연竹淵이다. 둘째 아들 일溢은 판관 벼슬을 지냈는데, 계자 정번廷璠은 학문에 박통하고 나라를 지키는 데 공을 세웠는데, 호는 학암鶴巖이다. 셋째 아들 택澤은 학문이 정박精博하여 한 시대의 사우들로부터 추중을 받았는데, 호는 낙락당樂樂堂이다. 넷째 아들 흡洽은 음직으로 충순위가 되었다. 한 집안 안에 훈공과 덕망이 이처럼 위대하고도 성대했다.

『宗案節目』「序文(朴英吉)」

그 뜻이 이러했기에 그 문서 또한 일문의 진장이 되어 문연재에 갈무리되었고, 그 누구도 함부로 손을 댈 수 없게 했다. 대부분의 종안이 그렇듯 도진박씨의 종안도 기쁨을 함께하고, 어려움과 슬픔을 나누는 데 주안점이 있었다. 특히 이들이 강조했던 것은 유교적 삶의 품격이었다. 풍요롭게 잘 사는 것이 중요한 것이 아니라 인간으로서 얼마나 가치로운 삶을 사느냐에 주안점이 있었던 것이다. 그리하여 이들이 가장 가치롭게 여긴 덕목은 '효제충신孝悌忠信'과 '온량공검溫良恭儉'의 인성人性과 덕성德性이었다.

지금부터 종중에 효제충신孝悌忠信하고 온량공검溫良恭儉한 이가 있으면 종중에서 포상한다.

『宗案節目』「節目」

가치의 표방만큼이나 이를 위배했을 때의 처벌 조항은 엄격할 수밖에 없었다. 지손支孫이 종손宗孫을, 서자庶子가 적자嫡子를, 어린 자가 나이 든 자를 능멸했을 경우 종중에서 엄벌로 다스렸고, 이리저리 떠돌며 주색잡기에 빠져 도진박씨로서의 인격관리를 하

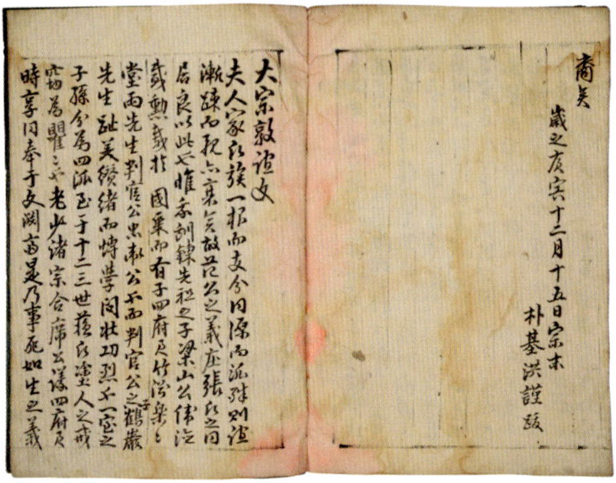

大宗敦誼文

歲之庚寅十二月十五日宗末 朴基洪謹跋

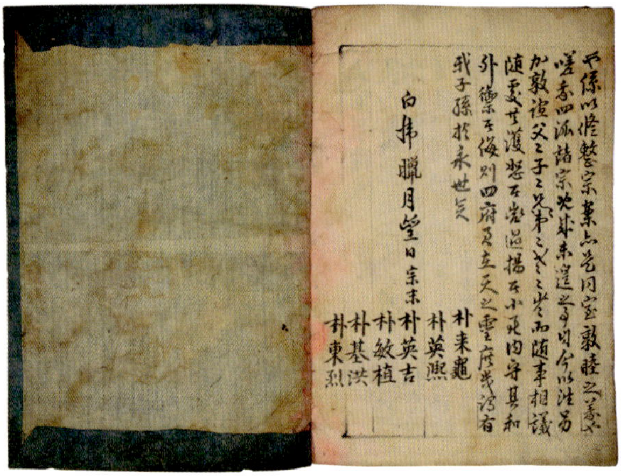

朴來龜
朴英熙
宗末朴英吉
朴紋植
朴基洪
朴東烈

『종안절목』「대종돈의문」(고령박씨 소윤공파 제공)

지 않는 경우에도 엄한 규제가 가해졌다.

종안에 봉선奉先 규정이 빠질 수 없는 법이다. 시향時享 때는 4파에서 각 20냥씩 마련하여 제수를 마련케 했다. 도진박씨들이

제정하여 운영했던 시향 날짜는 매년 10월 15일이었고, 제례의 원활한 운영을 위해 종전宗錢의 납부 마감일은 매년 10월 초2일이었다. 이 세밀한 규정은 무엇을 말하는가? 종안이 겉치레의 외적 표방이 아니라 종중 단합을 위한 실질적인 의사 결정 및 진행 기구였음을 뜻한다.

『종안절목宗案節目』의 백미는 맨 마지막에 실려 있는 「대종돈의문大宗敦誼文」이다. 박래귀朴來龜·박영희朴英熙·박영길朴英吉·박민식朴敏植·박기홍朴基洪·박동렬朴東烈 등 4파의 문장 및 원로 6인 명의로 표명된 이 글의 대의는 '도진 4파의 일가의식에 바탕한 동실돈목同室敦睦의 강화', '화和를 통한 단결로 외부로부터의 모욕 차단', '선훈先訓과 선덕先德의 착실한 계승을 통한 문호의 공고한 유지'에 있었다. 바로 이런 정신과 노력이 있었기에 도진박씨는 지금도 돈목敦睦을 상마하며 명가의 전통을 굳건하게 유지하고 있는 것이다.

2) 「고령현완문高靈縣完文」: 자존自尊의 의미

1838년(순조 38) 정월 전 정언 박경구朴慶九(1768-1842)는 박빈국朴賓國·박경칠朴慶七·박승원朴升源 등 집안사람들과 연명으로 고령현감에게 청원서를 올렸다. 그간 국가 및 고령현의 도진박씨에 대한 처우에 불만이 누적된 결과였다. 나라가 위난에 처했을 때 죽음을 마다하지 않았고, 조선의 인문정신人文情神을 고양하

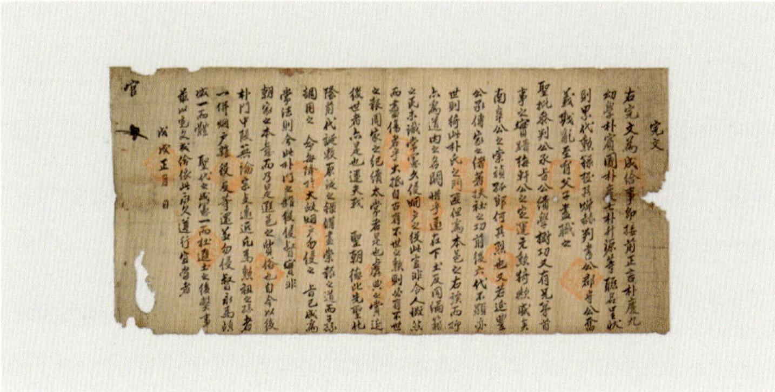

「1838년 고령현완문」

기 위해 지식문화적 수고를 자처했음에도 국가는 그것을 너무도 당연한 것으로 여겼기 때문이다. 이제 도진박씨의 인내도 임계점에 다다른 듯했다. 그도 그럴 것이 박경구가 출사했던 정조조는 이른바 '현충顯忠의 시대'였다. 정조는 존주의리尊周義理를 강조하며 그간 드러나지 않았던 충의지사忠義之士를 발굴하여 융숭하게 포장褒獎했고, 그 자손들에게 벼슬을 내리는 등 대대적인 보훈사업을 전개하였다. 그 결과 전국의 무수한 마을 및 가문에 임금의 사제문賜祭文이 내렸고, 심지어 현령 벼슬로 전사한 무관이 영의정에 증직되고 시호를 받는가 하면 불천위不遷位로 제정된 예도 있었다. 박경구는 조정에서 사환하는 과정에서 이 광경을 똑똑히 지켜보고, 또 기억하고 있었다.

그 많은 상전賞典이 8도의 고을마다 비처럼 뿌려졌지만 고령 땅 도진마을에는 단 한 방울의 은전恩典도 닿지 않았다. 그는 이렇게 생각했다. 양죽당공養竹堂公(朴廷琓)과 학암공鶴巖公(朴廷璠)이 문풍을 진작하고 왜적과 맞서 싸운 것은 공로가 아니고, 매헌공梅軒公(朴昌善)의 정운공훈定運功勳은 또 아무것도 아니며, 존주의리를 불태운 남고공南皐公(朴應衡)의 숭정고절崇禎孤節은 대수롭지 않은 것이며, 연풍공延豐公(朴望之)의 부사공훈扶社功勳은 잊혀도 상관이 없다는 뜻인가? 도대체 어떤 공은 현창의 대상이 되고, 또 어떤 공은 망각의 대상이 되어야 하는가? 더구나 고령의 우족右族이자 영남의 명벌名閥이라는 자의식이 강했던 도진박씨들이 일반 백성의 부류로 치부되어 잡역에 시달리는 상황은 분명 정상이 아니었다. 생각이 여기에 미쳤을 때 그는 분연히 붓을 잡고 항변의 글을 쓰지 않을 수 없었던 것이다.

그의 청원은 결코 무리한 것이 아니었다. 포증과 자손 등용은 바라지도 않았다. 그저 종손과 지손을 막론하고 일가들이 부역과 환곡 때문에 고통을 겪는 상황만은 막아야 한다고 여겼기에 그의 글은 진솔하면서도 설득력이 있었다. 청원서를 올린 지 얼마 되지 않아 고령현감의 인준서, 즉 완문完文이 발급되었다. 고령현감이 확약한 것은 부역 등 공역公役의 경감이었지만 정작 박경구가 어필하고자 했던 것은 국리민복에 기여했던 도진박씨의 사대부로서의 자존감이었다. 그는 문과 출신에 관료생활을 통해 획득한 사회적 지위를 도진박씨의 명예를 수호하는 데 기꺼이 투여했고, 마침내 종족과 마을의 자존을 지킬 수 있었다. 이 점에서 그는 현조賢祖에 한 점 부끄럼이 없는 의손宜孫이었다.

제5장

도진마을의 오늘과 내일

1 도진마을의 오늘

: 기억해야 할 사람들

도진마을이 지녔던 충효의 정신과 학술문화적 수월성은 현대사회에까지 면면히 지속되고 있다. 그 결과 유교문화의 현대적 계승과 마을의 밝은 미래를 위해 현로賢勞를 아끼지 않았던 종원이 적지 않았다. 그 대표적인 인물이 지난 2006년 작고하신 국어학계의 거장 박은용朴恩用(1927-2006) 교수이다. 박 교수의 자는 문수文叟, 호는 우정于亭, 죽연공의 14세손으로 도진박씨 중에서도 종파宗派에 속했다. 효성여자대학교(현 대구가톨릭대학교)에서 교육과 연구에 종사했던 박 교수는 『국어해석법國語解釋法』, 『만주어문어연구滿洲語文語硏究』, 『만주어사전滿洲語辭典』을 비롯하여 어문학 분야에서 백 편에 이르는 논저를 남긴 발군의 학자였으며, 일

본·미국·유럽 등 다양한 문화권 학자들과의 폭넓은 교유를 통해 국어학 연구의 수준을 한 단계 격상시킨 국제적 석학으로 평가되고 있다.

박은용의 학자 인생은 시간과의 투쟁이라 할 만큼 치열하였고, 거기에는 어떤 여사餘事도 개입할 틈이 없어 보였다. 하지만 그는 효우와 문한을 강조했던 죽연가도竹淵家道에 체화된 사람이었고, 질실質實하리 만큼 도진에 대한 애착이 컸다. 따라서 그는 바쁜 학문적 일정 속에서도 종사를 살피는 수고로움을 마다하지 않았다. 하지만 금도는 명확하여 역할의 범주를 자신의 전문성을 살릴 수 있는 학술분야에 국한시켰다. 필시 경계와 영역을 넘어서지 않는 학자적 엄격성이 발동한 탓이리라. 종사에 관여하게 된 이후 그는 세전世傳 문헌의 수집에 특히 매진했고, 그런 노력의 결과 교지·분재기·호적·완문 등 일문의 수백 년 진장珍藏을 발굴하는 쾌거를 이루었다. 현재 경상북도 유형문화재 제298호로 지정된 이 문헌들이 『문연재소장고문권文淵齋所藏古文券』으로 출간되어 국학연구의 보고로 널리 활용되고 있음은 큰 보람이 아닐 수 없다. 또한 『고령박씨세보高靈朴氏世譜』, 『도원공유문집桃源公遺文集』을 출간하여 도진 연구의 사료적 외연을 확대하는 한편 '죽연박선생정려유허비竹淵朴先生旌閭遺墟碑', '양죽당공묘비養竹堂公墓碑', '보덕공묘비輔德公墓碑', '증숙인함안조씨정려유적비贈淑人咸安趙氏旌閭遺蹟碑', '도계박기언공효행비桃溪朴基彦公孝行碑' 등을 찬술하여 일문의 효열孝烈과 학덕을 드러내는 데에도 크게 기여하였다. 선생은 엄격한 학자정신을 발휘하여 찬술한 비문에 과도한 찬사를 줄였고, 불명확한 사실은 결코 용납하지 않았다. 그것은 곧 신필信筆이었기에 또 하나의 사료史料로서 전혀 손색이 없다. 이후 도진마을 고령박씨에 대한 연구는 그의 이러한 헌신적인 노력에 힘입어 가능할 수 있었고, 필자 또한 그 수혜자의 한 사람임을 밝히며 고인께 심심한 감사의 뜻을 표한다.

박은용 교수의 도진마을에 대한 애착과 학문적 공효功效는 후일 문연회文淵會 회장을 맡게 되는 박태규朴泰奎를 통해 계승된다. 학암鶴巖 선생의 후손인 박태규는 박 교수의 문하에서 집안의 역사를 배운 한 항렬 아래의 문친門親이자 문인門人이었다. 배움에 대한 뜻이 독실했던 박 회장은 수시로 왕래하며 박 교수의 말씀을 녹음하는 정성까지 보였다고 하니, 그는 우정문하于亭門下의 애제자였음에 분명하다.

우정문하에서의 학습과 문견은 그가 종중사업을 전개하는 자양분이 되었다. 특히 문연회 회장에 재임하던 2015년에는 도진마을의 600년 역사와 문화를 일목요연하게 정리한 『도원록桃源錄』을 발간하였다. 우정 선생의 문헌 정리와 문사門史의 전수傳授가 없었더라면 『도원록』이 어떻게 발간될 수 있었겠으며, 또 박태규와 같은 신실한 문인이 없었더라면 우정의 가르침이 어떻게 현실화될 수 있었겠는가. 이제는 모두 고인이 되셨지만 도진마을의 현대사에서 이 두 분을 반드시 기억하고, 또 기려야 하는 이유도 여기에 있다.

도진충효관

청룡산의 굳센 정기와 도도하게 이어지는 낙강의 물결 때문일까? 도진마을에는 집안과 마을에 대한 애착을 가진 인물이 끊이지 않고 이어지고 있다. 박은용⇨박태규로 이어지는 도진마을의 현대사는 학암 자손 박돈헌朴敦憲(1948-)을 통해 면면하게 이어지고 계승되고 있다. 박돈헌은 박태규 회장에게 숙항이 되지만 그를 스승처럼 존경하고 있다.

박태규朴泰奎라는 분이 우리 학암 자손인데, 나에게는 재종질이 됩니다. 자기 돈 써 가면서 문중의 모든 자료라든지 책을 썼고, 문중사 일지를 써

됐더군요. 지금 살아 있으면 여든 둘인데, 나와는 7촌간으로 내가 시골에 내려온 뒤로 힘을 합해서 일을 많이 했습니다. 내가 비록 아재비지만 그분을 스승처럼 생각해서 글도 배우고 그랬어요.

영남문화연구원 박돈헌 인터뷰

이렇듯 도진에는 집안에 대한 애착을 가진 사람이 있고, 지혜와 식견 그리고 문친 간의 정의情誼가 생동하고 있으니 마을의 미래는 몹시 희망적이다.

2 도진마을의 내일

: 미래를 위한 설계

여기서는 1990년대부터 위선사업에 헌신했고, 지금은 도진박씨의 문장門長 역할을 수행하고 있는 박돈헌의 기억과 포부를 중심으로 도진마을의 오늘과 내일에 대해 살펴보기로 한다.

대구에서 직장생활을 했던 그도 젊은 시절에는 선대의 휘자諱字, 즉 이름도 제대로 쓰지 못했다고 한다. 종종 고향 마을을 찾을 때면 어른들이 문회門會를 개최하는 장면을 목격하면서 조금씩 종사에 관심을 가지기 시작했다고 한다. 이런 양상은 도진의 후손들뿐만 아니라 이 시대를 사는 모든 사람들이 일반적으로 거치는 과정이 아닐까 싶다. 도진마을에 죽연·낙락당·학암파 3파를 아우른 종중이 있고, 그 하부 조직으로 죽연종중, 낙락당종

인터뷰를 진행 중인 박돈헌

중, 학암종중이 있으며, 재실을 비롯한 종중 자산에 대한 인식이 생겨난 것도 이때부터였다.

1990년대 초반부터 본격화된 그의 종중활동은 효우 및 임진왜란·삼일운동·한국전쟁에서 발휘된 충忠을 모토로 한 마을의 역사문화공간화에 초점이 맞춰졌고, 그 결과 도진마을이 1997년 경상북도로부터 '충효마을'로 선정되는 영예가 따랐다. '충효마을' 지정은 예산 지원으로 이어져 재실의 수리, 연못의 복원 등 마을의 문화경관 정비에 큰 도움이 되었다고 한다.

한편 그는 후속세대 교육에도 관심이 크다. 여기에는 내외손 구별도 없다. 이른바 '딸잔치'를 기획하여 시집간 딸이 신랑과 자녀를 데리고 오면 선물까지 주려고 예산을 300만 원이나 책정하였는데, 2020년에는 코로나19로 인해 시행하지 못해 못내 아쉬워했다. 올해는 반드시 시행할 요량이라 했고, 겸하여 외손들 대상으로 뿌리 교육까지 계획하고 있다고 하니 도진마을의 구상과 설계는 무언가 남다른 점이 있다.

물론 지금도 본손 교육 프로그램이 없는 것이 아니다. 본손 교육은 매년 5월 첫째 일요일에 열리는 문연회文淵會에서 주관하며, 선조들의 행적, 마을의 역사 등을 교육하여 많은 도움이 된다고 한다. 특히 문연회에서는 장학사업을 시행하여 대학 입학생에게는 80만 원을 지원하는데, 현재까지 수혜자가 100명가량 된다고 하니, 도진의 미래는 더욱 밝아 보인다.

박돈헌의 바람은 거창한 것이 아니다. 집안의 자손 가운데 인문학, 특히 역사학을 전공한 박사가 배출되어 가문 및 마을의 역사를 제대로 정리해 주었으면 하는 것이다. 어찌 보면 집안의 역사에 집착한다는 느낌이 있지만 반드시 그렇게 바라볼 것은 아니다. 도진박씨의 역사는 한 종족의 역사에 국한되는 것이 아니기 때문이다. 그들이 살아온 역사는 충효에 바탕을 둔 전통시대 사

▲ 모현정 향사 집사분정

▼ 2015년 무릉원 낙성식 행사

『도원록』 발간 고유제

대부가의 삶과 문화, 마을 운영에 투영된 유교적 가치를 이해하는 표본이 된다는 점에서 학술적 공공성을 함축하고 있기 때문이다. 이 점에서 도진마을 박씨가문에 대한 학술적 관심은 한국사 연구와 그 궤를 같이한다.

참고문헌

朴潤, 『竹淵先生遺稿』

朴廷璠, 『鶴巖集』

朴應衡, 『南皐集』

朴光先, 『笑皐公實紀』

고령박씨 도진종회, 『도원록』, 대보사, 2015.

고령박씨소윤공파파보간행위원회, 『고령박씨소윤공파세보』, 대보사, 2014.

김학수, 「船遊를 통해 본 洛江 연안지역 선비들의 집단의식: 17세기 寒旅學人을 중심으로」, 『영남학』 18, 경북대학교 영남문화연구원, 2010.

김학수, 「조선중기 寒岡學派의 등장과 전개 -門人錄을 중심으로-」, 『한국학논집』 40, 계명대학교 한국학연구소, 2010.

김학수, 「이언영(李彦英)의 가정경영론(家庭經營論)과 교유(交遊)·학문론(學問論) -한려학풍(寒旅學風)의 계승과 응용-」, 『영남학』 67, 경북대학교 영남문화연구원, 2018.

지은이

김학수 金鶴洙

경상북도 영천에서 태어나 인하대학교 인문대학 사학과를 졸업하고, 한국학중앙연구원 한국학대학원에서 문학 석사 및 박사학위를 받았다. 현재 한국학중앙연구원 한국학대학원 인문학부 한국사학전공 부교수로 재직 중이며, 주로 조선시대 지식문화사에 대하여 공부하고 있다. 저서로는 『끝내 세상에 고개를 숙이지 않는다』, 『허주 이종악의 삶과 풍류』, 『구미 구암 김취문 종가』, 『김천 정양공 이숙기 종가』, 『조선을 이끈 명문가 지도』(공저), 『조선사회 이렇게 본다』(공저) 등이 있으며, 논문으로는 「제주지역 유교 지식(知識)·문화(文化)의 수용 양상과 '제주학풍(濟州學風)'」, 「17세기 영남학파 연구」, 「조선중기 한강학파의 등장과 전개」, 「존주론의 작동과 정치이념적 家의 출현」, 「鄭經世·李埈의 穌齋觀」 등 다수가 있다.

경북의 종가문화 62

상설에서 꽃핀
청죽의 문화,

고령 죽연 박윤 종가

찍은 날 2021년 3월 29일
펴낸 날 2021년 4월 2일

기획 경상북도 · 경북대학교 영남문화연구원
지은이 김학수
펴낸이 홍원화
펴낸 곳 경북대학교출판부
출판등록 1973년 10월 10일 ㉑97호
주소 대구광역시 북구 대학로 80
전화 053-950-3830
팩스 053-953-4692
이메일 press@knu.ac.kr
홈페이지 http://knupress.com

ISBN 978-89-7180-559-6 94900
978-89-7180-558-9 (세트)

정가는 뒤표지에 있습니다. 파본은 바꾸어 드립니다.